しずおかの休日を楽しむ本

Love Local Shizuoka

しずおかの休日
おでかけBOOK

大人が楽しむ休日本 編集部

2

introduction
はじめに

作り手の想いが込められた器やアート、アクセサリーに出合えるクラフトフェア、新鮮な野菜や食品を手に入れられるマルシェ。歌い手の想いと一つになるミュージックフェス、おいしい地元食とお酒を愉しめるフードフェスに、子どもと一緒に楽しめる親子フェス。
大人になった今だからもっと楽しめる、自然の中でオシャレに、ゆる〜く、本物に出合える大人のためのイベントがしずおかにはいっぱい。
「のんびり、ゆったり、まったりを満喫」
それがキーワードです。

　　　　　　　　大人が楽しむ休日本 編集部

contents
もくじ

アート&クラフト編

Village mishima rakujuen 12
（ヴィレッジ ミシマ ラクジュエン）

下田時計台フロント手作り市 14
（しもだとけいだいフロントてづくりいち）

楽寿の森マルシェ （らくじゅのもりマルシェ） 16

ARTS & CRAFT 静岡手創り市 18
（アーツアンドクラフト しずおかてづくりいち）

コトコト市 （コトコトいち） 20

ふじのくにアートクラフトフェア 22

ごてんばアート・クラフトフェア 24

ぽかぽか市 （ぽかぽかいち） 26

GARDEN MARKET （ガーデンマーケット） 27

フードイベント編

THIS IS NUMAZU 沼津自慢フェスタ 30
（ディスイズヌマヅ ぬまづじまんフェスタ）

松籟の宴「松間の響宴」 32
（しょうらいのうたげ まつまのきょうえん）

RISING SAN-MA FESTIVAL 34
（ライジングサンマフェスティバル）

ぬまづ港の街 BAR （ぬまづみなとのまちバル） 36

ぬまづ パンマルシェ 38

春のあたみビール祭り （はるのあたみビールまつり） 40

上野の里まつり酒蔵めぐり 41
（うえののさとまつりさかぐらめぐり）

会場で見つけたお気に入り♪ 42

マルシェ編

沼津ナイトマーケット （ぬまづナイトマーケット） 46

かわせみマルシェ 48

ときすみマルシェ 50

秩父宮記念公園マルシェ 52
（ちちぶのみやきねんこうえんマルシェ）

海辺のあたみマルシェ （うみべのあたみマルシェ） 54

Nanz マルシェ （ナンズマルシェ） 55

Green Forest Market （グリーンフォレストマーケット） 56

みんなでカフェ＋本光寺 58
（みんなでカフェプラスほんこうじ）

伊豆まるごと青空市 （いずまるごとあおぞらいち） 60

狩野川ローカルマーケット・きつねの嫁入り行列 62
（かのがわローカルマーケット・きつねのよめいりぎょうれつ）

沼津あげつち稲荷市 （ぬまづあげつちいなかいち） 64

KAGIYA MARKET （カギヤマーケット） 65

まるたま市 （まるたまいち） 66

ボンマルシェフジエダ 68

ミュージック＆アウトドア編

ACO CHILL　（アコチル）　72

頂 -ITADAKI-　（いただき）　74

GO OUT JAMBOREE／GO OUT CAMP　76
（ゴーアウトジャンボリー・ゴーアウトキャンプ）

朝霧 JAM　（あさぎりジャム）　78

FreeShelter　（フリーシェルター）　80

WINDBLOW　（ウィンドブロウ）　82

伊豆稲取 楽木祭　（いずいなとり がっきさい）　84

吉原寺音祭／寺っテラ市　86
（よしわらじおんさい／てらっテラいち）

狩野川カヤック　（かのがわカヤック）　87

SHIZUOKA×CANNES WEEK　88
（シズオカ カンヌウィーク）

弁天島花火フェス　（べんてんじまはなびフェス）　90

東海道音楽祭 ~つながりの道~　91
（とうかいどうおんがくさい）

ショップ＆Other 編

藤枝おんぱく　（ふじえだおんぱく）　94

フレンドシップフェスティバル　96

おかげさん　98

岳南電車 鉄道夜景電車　100
（がくなんでんしゃ てつどうやけいでんしゃ）

西伊豆キャンドルナイト　（にしいずキャンドルナイト）　102

ほたる観賞の夕べ　（ほたるかんしょうのゆうべ）　103

weekend books　（ウィークエンドブックス）　104

吉原 NEW! ナイトバザール　106
（よしわらニュー ナイトバザール）

秋物展 ~おいしく・たのしく・ちょっぴりフランス~　108
（あきものてん）

シェ・ワタナベ テラスカフェ　110

キト暮ラスカ（キトくラスカ）　111

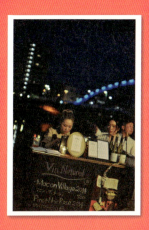

Schedule 年間スケジュール

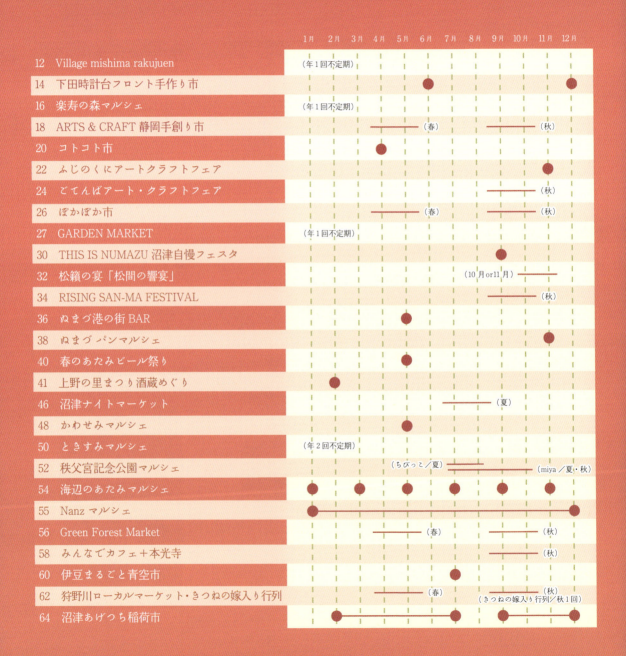

No.	イベント名	1月	2月	3月	4月	5月	6月	7月	8月	9月	10月	11月	12月
65	KAGIYA MARKET	(不定期)											
66	まるたま市					●					●		
68	ボンマルシェフジエダ	(番外で春開催あり)		———						———		(秋)	
72	ACO CHILL					●							
74	頂 -ITADAKI-						●						
76	GO OUT JAMBOREE ／ GO OUT CAMP	(GO OUT JAMBOREE)			●						● (GO OUT CAMP)		
78	朝霧 JAM										●		
80	FreeShelter							●					
82	WINDBLOW								●				
84	伊豆稲取 楽木祭	(不定期)											
86	吉原寺音祭／寺ッテラ市					●	●	(5~6月の土日の友引)					
87	狩野川カヤック	●———————————————————————●											
88	SHIZUOKA×CANNES WEEK					●							
90	弁天島花火フェス								●				
91	東海道音楽祭～つながりの道~					●							
94	藤枝おんぱく				●	●	●						
96	フレンドシップフェスティバル					●							
98	おかげさん		●——————————————————●										
100	岳南電車 鉄道夜景電車	●———————————————————————●											
102	西伊豆キャンドルナイト									● (秋分の日)			
103	ほたる観賞の夕べ						●						
104	weekend books	●———————————————————————●											
106	吉原 NEW! ナイトバザール			●		●		●		●			
108	秋物展 ～おいしく・たのしく・ちょっぴりフランス~										●		
110	シェ・ワタナベ テラスカフェ	(年3~4回不定期)											
111	木ト暮ラスカ	(年5~8回不定期)											

8

Love Local Shizuoka

人と人が出合い、人とモノが繋がる。
出展者も参加者もみんなが一つになって楽しめる
そんなイベントがたくさんあります。

アート&クラフト編

ひと針ひと針、ひと彫りひと彫り…
丹誠込めて作り上げた世界にたった一つの作品。
作り手の想いを込めた大切な品を、大切に使う。
やさしさを与えてくれる、ほっとする逸品に会いに行こう。

12　Village mishima rakujuen　（三島）
14　下田時計台フロント手作り市　（下田）
16　楽寿の森マルシェ　（三島）
18　ARTS & CRAFT 静岡手創り市　（静岡）
20　コトコト市　（袋井）
22　ふじのくにアートクラフトフェア　（富士）
24　ごてんばアート・クラフトフェア　（御殿場）
26　ぽかぽか市　（磐田）
27　GARDEN MARKET　（長泉）

三島市

年1回 Village mishima rakujuen
ヴィレッジ みしま らくじゅえん

自然と文化と手仕事
心のこもったモノたちと出合う

　2016年夏、三島市立公園楽寿園が「ARTS&CRAFT 静岡手創り市」の新しい会場となった。木工、陶芸、ガラス、金工、皮革などのクラフト雑貨類から、マフィンやジャムなどのフード類まで100近いモノづくり作家が集まり、にぎやかな一つの街を形成する。小浜池を中心に多くの樹木が生い茂る、自然あふれる楽寿園での開催は、緑のなかを散歩しながら各ブースをのんびり回ることができるのがポイント。連なるブースはまるで下町の商店街のようで、穏やかな気分にさせてくれる。また明治時代に小松宮彰仁親王の別邸として建てられた登録有形文化財「梅御殿」が、イベント期間中は「茶屋夕顔」として甘味を提供。各作家たちの精巧な手仕事に加え、自然と文化を満喫できるイベントだ。

落ち着いた色合い

茶屋夕顔では甘味をゆっくりいただきたい

5種類の味がある梅干しは試食してから購入。小さいお客さんは無事お気に入りをゲットした様子

木の素材を使うクラフトのブースも多い。一枚板から切り出して作る時計はクールで落ち着いた表情

ARTS&CRAFT 静岡手創り市でも特に回遊性のある会場。自然のなかをのんびり散歩

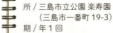

所 / 三島市立公園 楽寿園
　　（三島市一番町 19-3）
期 / 年 1 回
時 / 9:00〜16:00
料 / 入園料 300 円、15 歳未満無料
駐 / 近隣有料 P あり
交 / JR 三島駅南口より徒歩約 3 分
問 / info@village-mishima.com
注 / 特になし

13

下田市

夏冬

下田時計台 フロント 手作り市
しもだとけいだい フロント てづくりいち

伊豆の作家の「てづくり」が
時計台に大集合

　下田特有のなまこ壁と大きな時計が特徴の土産・食事処「フロント（普論洞）」。伊豆急下田駅開通とともに昭和36（1961）年に開業し、今年で55周年を迎えた。この2階のレンタルイベントスペースでは、定期的にライブイベントやリーディングカフェ、写真教室など、さまざまなイベントが行われている。中でも同店主催で年2回開かれているのが「フロント手作り市」。時計台下と階段吹き抜けを取り囲むように店舗が立ち並び、革製品やシルバー、アクセサリー、写真などの伊豆在住作家の手作り作品をはじめ、多肉植物やお菓子の販売、音楽イベントなど幅広く展開される。来場者全員が参加できる抽選会など催し物もあり、楽しみも盛りだくさんだ。

夢を掴む雑貨も

伊豆急下田駅とともに歴史を刻んできた店。なまこ壁や屋根、所々に時間の経過を感じる

魅力的なワークショップのほか雑貨や緑が並び、ついつい長居してしまいそう

自然豊かな伊豆の地で製作活動している作家との触れ合いもイベントの醍醐味。制作秘話が聞けるかも!?

イベントブースにところ狭しと作家の作品ブースが並ぶ。遠くから訪れる来場者も

クラフト雑貨	ブック
アート	服飾
音楽	ガーデニング
フード	ワークショップ
アウトドア	陶芸
ヒーリング	食品販売
ステージ	イルミネーション

所 / フロント（下田市東本郷1-5-2）
期 / 年2回 6月・12月
時 / 10:00〜16:00
料 / 来場無料
駐 / あり（無料）
交 / 伊豆急行下田駅目の前
問 / 下田時計台 フロント
　　0558-22-1256
注 / 特になし

思わず見入るほどの美しさ

三島市

年1回 **楽寿の森マルシェ**
らくじゅのもりマルシェ

楽寿の森の自然と
手作りのぬくもりに癒やされる

　自然豊かな楽寿園に1日だけ現れる大規模ハンドメイドマルシェは、「手作りのやさしさやぬくもりをたくさんの人に伝えたい。地域全体で子育て世代を応援したい」との思いから誕生。第1回目は約8000人が集まりにぎわいを見せた。地域のママ作家グループ「maman marche」のメンバーを中心に、100作家以上が出展する。ハンドメイドやワークショップ、飲食、ステージ、森の中の撮影会や、子どもたちが心を込めて作ったハンドメイドを自分たちの手で販売するちびころブースなど、かわいいモノ、素敵なモノが盛りだくさん。楽寿園の豆汽車やメリーゴーランド、アルパカやカピバラなどの癒やしの動物たちも来場者を楽しませてくれる。

飾りも手作り！

仲良しアルパカのココアとクララ。見ているだけで、ふんわりゆったり癒やされてしまう

はなかざり Work Shop では心ときめくやさしい色合いの造花にリボンやパールをあしらって

ちびころブースのワークショップ。子どもたちが元気よく作り方を説明します。立派なお店屋さん

木々の隙間から木もれ日が差し込む。自然を肌で感じながらお気に入りを見つけよう

クラフト雑貨　ブック
アート　服飾
音楽　ガーデニング
フード　ワークショップ
アウトドア　陶芸
ヒーリング　食品販売
ステージ　イルミネーション

遊びに来てね！

所／三島市立公園 楽寿園
　　（三島市一番町19-3）
期／次回 2017年12月開催予定
時／10:00 ～ 15:00
料／入園料 300円、15歳未満無料
駐／近隣有料Pあり
交／JR三島駅より徒歩3分
問／楽寿の森マルシェ実行委員会
　　Facebook
注／小雨決行、荒天中止、マイバック
　　＆小銭持参

静岡市

春秋
ARTS&CRAFT 静岡手創り市
アートアンドクラフト しずおかてづくりいち

風光明媚な神社を
芸術的な作品たちが彩る

　緑深い山に囲まれた静岡県護國神社で、春と秋の年2回行われる。毎年県内外からモノづくりにこだわる多くの作家が集まり、アーティスティックな魅力を持つ出展者が多いのもこのイベントの特徴だろう。四季の表情豊かな神社の境内に、個性豊かな作品がそろう。2016年度秋季には、島田市の造り酒屋「大村屋酒造場」をパートナーに迎え、「酒器と日本酒」と題して複数の企画も開催。16組の作家による酒器の展示会や、日本酒と果実のカクテルを作るワークショップのほか、「たち呑み屋 夕顔」として日本酒を味わう場所もある。3種の日本酒を3種の肴とともに呑み比べるという企画に人が集まった。毎年進化するイベント内容に今後も注目したい。

自然豊かな境内

色鮮やかな器たち

「酒器と日本酒」の展示会。お猪口・徳利・片口などが並ぶ。陶磁・木工・ガラスなど16組の作家たちの作品

3種の日本酒の呑み比べを楽しめる「たち呑み屋夕顔」。料金は2000円で季節の肴が3種付く

会場内ではライブペイントが見られることも。作家の感性で自由に紡がれていく絵が素敵

自然に囲まれ、ゆったりとした気持ちで買い物ができる。作品に触れながらじっくり吟味しよう

クラフト雑貨	ブック
アート	服飾
音楽	ガーデニング
フード	ワークショップ
アウトドア	陶芸
ヒーリング	食品販売
ステージ	イルミネーション

所／静岡縣護國神社
　　（静岡市葵区柚木366）
期／年2回春季と秋季の土・日曜
　　（詳細はHPを確認）
時／9:00～16:00
料／来場無料
駐／近隣有料Pあり
交／静岡鉄道柚木駅より徒歩3分
問／shizuoka@tezukuriichi.com
注／特になし

こだわりの作品ばかりです

19

袋井市

4月 コトコト市
コトコトいち

お気に入りと出合う
大人が喜ぶオシャレな雑貨市

　遠州の名刹・法多山で2007年春から続くコトコト市は、お鍋で煮たり、ミシンを踏む音から丁寧な手仕事をイメージして名付けられた。好きな素材・質感・デザインに出合える「オトナがうれしい雑貨市」がテーマ。県西部の作家による上質な手仕事品や大人のためのセレクトショップを中心に、クオリティーの高い魅力的なブース約45店が集う。広い会場はジャンルごとに分かれているので、お気に入りの品を探しながら、新緑の境内をゆっくり散策できるのも楽しい。歩き疲れたら、おいしいコーヒーと香ばしいマフィンやタルトを片手に、豊かな森と清々しい空気に癒やされるのも大人の雑貨市巡りの醍醐味だ。

画像提供 /lade

境内には文化財も多数

画像提供 /lade

メイン会場の一つ、趣深い紫雲閣内には落ち着いた雰囲気の暮らしの道具が並び、多くの人でにぎわう

出掛けるなら作家さんやショップオーナーとゆっくり会話を楽しめるお昼過ぎの時間帯がオススメ

画像提供 /lade
ビンテージ、デッドストックのパーツや布で作られた「AtelierRoji」さんの男前バッグは男性へのギフトにも

お寺のお堂や広い境内に約45のブースが出店。3000人以上の来場者が集う大人気の雑貨市

クラフト雑貨	ブック
アート	服飾
音楽	ガーデニング
フード	ワークショップ
アウトドア	陶芸
ヒーリング	食品販売
ステージ	イルミネーション

所 / 法多山尊永寺（袋井市豊沢2777）
期 / 毎年4月下旬の日曜
時 / 9:00 ～ 15:00
料 / 来場無料
駐 / 近隣有料Pあり
交 / JR袋井駅からバスで約15分
問 / 090-5110-6117（アンジュール　松浦さやか）
shop@unjour-web.com
注 / マイバッグ持参・ゴミ持ち帰り・無断撮影の禁止・屋内会場へのペット入場不可

スイーツや
パンも
いっぱい！

富士市

11月 ふじのくにアートクラフトフェア

大人もワクワクする
体験型クラフトフェア

　富士山を望む富士中央公園に、全国の作家が集結する一大クラフトフェア。陶磁器や木工、ガラス、染物、金属工芸、絵、アクセサリーなど作品のジャンルも多岐にわたる。さまざまなアート体験ができるワークショップエリアや購入した作品をギフト用にラッピングできるコーナーもある。ランチは約18店舗が出店するフードエリアで、富士市ならではの地元のB級グルメを味わえる。ポニー乗馬やライブ、アートサーカスのパフォーマンスなど親子で楽しめる催しもたくさん。開催初日の夜に披露される「竹かぐや」では3776本もの竹灯籠が創り出す幻想的な空間が広がる。地元生産者が新鮮野菜や果物、卵などを持ち寄るファーマーズエリアも必見だ。

見どころ満載

竹にドリルなどで穴や文字を彫った竹灯籠に、ろうそくの明かりをともす壮大な「竹かぐや」

キャンドルや革工芸などの体験ができるワークショップエリアは親子連れにも人気

100ブース以上が出店するクラフトフェア。個性的な作品や素材が所狭しと並び、見るだけでも楽しい

晩秋の澄みわたる空気の中、池に映る冠雪した富士山と色とりどりのテントのコントラストが美しい

クラフト雑貨	ブック
アート	服飾
音楽	ガーデニング
フード	ワークショップ
アウトドア	陶芸
ヒーリング	食品販売
ステージ	イルミネーション

所／富士中央公園（富士市永田町2-112）
期／毎年11月の第4土・日曜
時／土曜 10:00～16:00（竹かぐや 16:00～20:30）、
　　日曜 9:00～15:00
料／来場無料
駐／あり（無料）
交／JR富士駅よりバスで約10分
問／実行委員会 090-7438-3118
注／市役所・ユニプレス・中央公園駐
　　車場利用可能、近隣店舗への駐車
　　禁止

一日楽しめます！

御殿場市

 ごてんばアート・クラフトフェア

富士山を一望できる会場で
丸一日楽しめるクラフトフェア

　県内外から170もの出展者が集まる東部最大規模のクラフトフェア。雄大な富士山を望む芝生広場を中心に複数のエリアに分かれ、クラフトやフードはもちろん、ワークショップも充実、個性豊かな店が立ち並ぶ。会場をにぎやかに盛り上げる大道芸やユニークなステージにも注目したい。子どもが遊べるキッズエリアも設置され、わんぱく広場には木製遊具も用意、家族連れでも1日満喫できる。富士山と箱根の山々に囲まれ、広く青い芝生に池が点在する会場は、水と緑豊かなロケーションの良さもポイント。穏やかに広がる芝生の上にシートを敷いて、お気に入りのグルメを片手にのんびりとした1日を過ごしたい。

フードエリアも充実

作家が思いを込めて作るクラフトはどれも完成度が高く、見入ってしまうものばかり

中央のステージを囲むように階段席があり、両日ともに終日さまざまなアーティストが参加する

豊かな緑のなか、彩り鮮やかなハンモックが映える。ユラユラ揺られてリラックス

会場に入ってすぐの横丁にはクラフトやフードが並んでにぎやか。覗いているだけでワクワクする

クラフト雑貨	ブック
アート	服飾
音楽	ガーデニング
フード	ワークショップ
アウトドア	陶芸
ヒーリング	食品販売
ステージ	イルミネーション

所 / 御殿場中央公園（御殿場市萩原754-5）※場所変更の可能性あり
期 / 毎年秋頃の土・日曜（詳細はHPを確認）
時 / 土曜 10:00〜17:00、日曜 10:00〜16:00
料 / 来場無料
駐 / なし（無料シャトルバス利用）
交 / JR御殿場駅より徒歩20分
問 / 実行委員会 0550-70-6660
注 / 無料シャトルバスあり（詳細はHPを確認）

カキ氷
おいしいよ

25

磐田市

春秋 ぽかぽか市
ぽかぽかいち

癒やしの緑やブリキやアイアン小物などのガーデン雑貨やナチュラル雑貨も販売

スタンプラリーで作家からのプレゼントが当たる抽選会も楽しみ。ぽかぽかKIDSの店では駄菓子も販売

手作りの温もりと
寺の穏やかな雰囲気が心地良い

　室町時代から続く聖寿寺で行われる手作り市。子育て中のママ7人が中心となり、「ほかほか温かい気持ちになりますように」との思いを込めて名付けられた。お寺の芝生や本堂に手作り雑貨やフード、ワークショップなど40店舗以上が並び、ステージではジャズの生演奏やウクレレの心地よい音楽でにぎわう。誰もが気軽に足を運べる温かなイベントだ。

陽気に楽しくアロハ♪

クラフト雑貨	ブック	音楽	ガーデニング
アート	服飾	フード	ワークショップ
アウトドア	陶芸	ヒーリング	食品販売
ステージ	イルミネーション

HP

所／聖寿寺（磐田市岡330）
期／毎年2回春と秋
時／春 10:00〜15:00
　　秋 10:00〜14:00
料／来場無料
駐／あり（無料）
交／JR豊田町駅より車で10分
問／事務局 0538-66-2107
注／雨天縮小開催。臨時駐車場利用。
　　周辺施設・店舗への駐車は禁止

長泉町

GARDEN MARKET
ガーデンマーケット　年1回

作品やアートを「観て」「感じて」「親しむ」。五感で楽しめるクレマチスの丘ならではのイベント

季節ごとにいろいろな表情を見せるクレマチスの丘が会場になる

自然が彩る丘で
モノとアートに触れる

　長泉町「クレマチスの丘」で開かれる「暮らしの知恵」をテーマとしたマーケット。ガーデンにクレマチスやバラが咲き誇る春か、紅葉した木々が鮮やかに色づく秋の年1回開催する。日々の暮らしを彩り、潤いをもたらす雑貨やスイーツなどの店が並び、美術館の企画展と関連した店舗も出店。売上の一部は東日本・熊本復興支援など、チャリティーとして寄付されている。

かわいい雑貨もたくさん

クラフト雑貨　ブック　音楽　ガーデニング
アート　服飾　フード　ワークショップ
アウトドア　陶芸　ヒーリング　食品販売
ステージ　イルミネーション

所 / クレマチスの丘（駿東郡長泉町東野クレマチスの丘 347-1）
期 / 年1回
時 / 10:00～17:00（変更の場合あり）
料 / 来場無料
駐 / あり（無料）
交 / JR三島駅より車で25分（無料のシャトルバスあり）
問 / クレマチスの丘コミュニケーションセンター 055-989-8785
注 / 特になし

27

フードイベント編

イベントに欠かせないものと言えばやっぱり食べ物。
旬の味覚やお酒、シェフが腕を振るう料理。
おいしい料理が並ぶフードイベントなら、隣り合わせた者同士、
初対面でも盛り上がれるから不思議…。

30　THIS IS NUMAZU 沼津自慢フェスタ（沼津）
32　松籟の宴「松間の響宴」（沼津）
34　RISING SAN-MA FESTIVAL（沼津）
36　ぬまづ港の街 BAR（沼津）
38　ぬまづパンマルシェ（沼津）
40　春のあたみビール祭り（熱海）
41　上野の里まつり 酒蔵めぐり（富士宮）

沼津市

9月 THIS IS NUMAZU 沼津自慢フェスタ
ディス イズ ヌマヅ ぬまづじまんフェスタ

沼津自慢の店が集結
NUMAZU NIGHT を楽しもう

　沼津や近隣で活躍する生産者、料理人、バーテンダー、アーティストが、沼津中央公園をステージに一堂に集結する。愛鷹山と駿河湾を望む豊かな自然環境に恵まれ、美酒美食がそろう地域として、その魅力を伝えるイベントとなっている。市内の老舗バー20店が集結する「NUMAZU BAR」では、地域特有の「バー文化」を体験するチャンス。完全予約制で料理を楽しむ「CENTER LOUNGE」や沼津の有名店が集まるグルメゾーンもあり、座って落ち着くもよし、カジュアルに立ち飲みするのもいい。会場内は明るい雰囲気で、特設ステージには地元で人気のアーティストたちが登場。飲んで食べて、沼津の夜に酔いしれよう。

沼津の魅力がいっぱい

会場を明るく照らす特設ステージ。地元で注目のミュージシャンやパフォーマーたちが会場をわかせる

飲めない人も大丈夫。ホッと一息つけるおいしいコーヒーはいかが

ステージ前のテーブル。家族や仲間と思い思いの時間を過ごす人であふれ、にぎやかな雰囲気

イベントの中心を彩る「NUMAZU BAR」。老舗店のバーテンダーから新進気鋭のバーテンダーまで、沼津を代表するバーテンダーが顔をそろえる

食通も納得のおいしさ

所／沼津中央公園
　　（沼津市大手町4-185-4）
期／年1回9月頃の木・金・土曜の3日間（詳細はHPを確認）
時／木・金曜17:00〜21:00、土曜12:00〜21:00
料／来場無料
駐／近隣有料Pあり
交／JR沼津駅から徒歩5分
問／沼津自慢フェスタ実行委員会
　　事務局 055-934-4748
注／特になし

31

沼津市

秋　松籟の宴「松間の響宴」
　　しょうらいのうたげ　まつまのきょうえん

落ち着いた大人の趣
緑美しい御用邸で地元食材を味わう

　明治から昭和にかけて皇室の保養所として使われ、その歴史が息づく沼津御用邸記念公園。毎年秋頃、伝統ある菊華展やキャンドルナイトなどさまざまなイベントを催す「松籟の宴」が、約2週間にわたって行われる。その一角で開催する「松間の響宴」では、生産者と料理人が沼津近隣の食材を使った料理を提供する。見事な松に囲まれた庭園には、どこか厳かな大人の空間が広がる。エントランスには草月流家元による竹のアートが配され、ギターライブなど落ち着いた音色が流れる。料金は当日販売の5枚チケットを1000円〜で購入するチケット制。海の幸や山の幸、この地域ならではの食を、しっとりとした緑のなかでゆっくりと味わいたい。

自然と会話も増えるね

お土産にぴったり！

中央のステージ。フラメンコギターの軽快な音色が鳴り響き、大人の空間を盛り上げる

お酒に合いそうなおつまみから、キッズも喜ぶクレープやピザまでいろいろ。沼津グルメを堪能あれ

エントランスに配された草月流家元 勅使河原茜氏監修による竹のインスタレーションアート

会場内の2カ所にテーブルと椅子が置かれ、一息つけるスペースになっている。アルコール片手にのんびりする人も多い

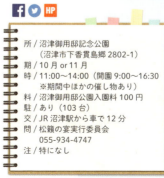

クラフト雑貨　ブック
アート　服飾
音楽　ガーデニング
フード　ワークショップ
アウトドア　陶芸
ヒーリング　食品販売
ステージ　イルミネーション

所 / 沼津御用邸記念公園
　　（沼津市下香貫島郷 2802-1）
期 / 10月 or 11月
時 / 11:00〜14:00（開園 9:00〜16:30
　　※期間中ほかの催し物あり）
料 / 沼津御用邸公園入園料 100円
駐 / あり（103台）
交 / JR沼津駅から車で12分
問 / 松籟の宴実行委員会
　　055-934-4747
注 / 特になし

お酒と一緒にどうぞ

沼津市

秋 RISING SAN-MA FESTIVAL
ライジングサンマフェスティバル

沼津と気仙沼のつながりを強める
サンマフェスティバル

　勢いよく水揚げされることが復興の幕開け（rising sun）となるように。東日本大震災後、沼津の町を挙げて宮城県気仙沼を支援できないかと思いを巡らせ始まったサンマ祭り。産業が少しずつ元に戻り始め、港で水揚げできた喜びを、沼津港を訪れた観光客などより多くの人と共有できたら、と気仙沼の象徴である約1000尾のサンマを沼津魚市場で豪快に炭火焼きにして販売する。その売り上げを被災地に寄付している。脂がのり、ふっくら焼き上がったサンマは、13時間薪だけで炊き上げる沼津が誇る「戸田塩」で仕上げ、日本固有種の柑橘・戸田のタチバナを絞る。被災地のサンマを沼津港で味わう、港町と港町の思いがつながるイベントだ。

ビールや日本酒も♪

サンマっておいしいね

市場の人たちの手で次々に焼かれていくサンマ。新鮮で脂がのった焼きサンマが振る舞われる

会場には義援金箱を設置。寄付は継続して被災地の支援に使われる

フェスティバル当日は沼津港の内湾にて30分間の無料漁船乗船も可能（時間指定・整理券配布）

飲食スペースでは水産物や沼津の地場産品を販売。沼津の地ビール「ベアードビール」なども

所 / 沼津魚市場第一市場
　　（沼津市千本港町96）
期 / 年1回 秋
時 / 10:00〜13:30
料 / 来場無料
駐 / 近隣有料Pあり
交 / JR沼津駅より車で10分
問 / ライジングサンマフェスティバル
　　沼津実行委員会 055-962-3700
注 / 特になし

箸がとまらない！

35

沼津市

5月 ぬまづ港の街BAR
ぬまづみなとのまちバル

海の街の魅力満載‼
沼津漁港のおもてなし

「食と音楽の港町」をイメージした街づくりイベント。沼津港会場をメインに沼津駅南口まで約80店舗が参加。5枚綴りのチケットを購入し、1枚に付き1フード&1ドリンクを提供する。沼津港で水揚げされた新鮮な魚介類をはじめ、各店舗こだわりの料理が並ぶ。ストリートでは、JAZZの生演奏や大道芸などが繰り広げられ、「SUP&シーカヤック」などの体験イベントや「伊豆半島認定ジオガイドと巡るジオツアー」「沼津ラクーンよしもと劇場」などもBARチケットで楽しむことができる。千本浜会場では熊本地震で被災された方へのメッセージを込めた3000個の光が灯す「海辺のキャンドルアート」も開催し、沼津の街を盛り上げる。

帆船 Ami号

たくさんの店の料理やドリンクに目移りしてしまう。パンフレットを片手に話も弾む

ひっそりと大人のムードを楽しめる裏路地の店。自分好みの店を見つけ出すのもバルの醍醐味

迫力のあるジャズの生演奏を聴きながら、体も心も酔いしれたい。食も音楽も楽しもう

海からはじまるロマンある街づくりをモットーにさまざまなイベントが繰り広げられる

- クラフト雑貨
- アート
- 音楽
- フード
- アウトドア
- ヒーリング
- ステージ
- ブック
- 服飾
- ガーデニング
- ワークショップ
- 陶芸
- 食品販売
- イルミネーション

所 / 沼津港・千本浜・あげつち商店街・仲見世商店街・大手町商店街
期 / 毎年5月
時 / 10:00～21:00(各店により異なる)
料 / 前売り 3500円（チケット5枚綴り要事前予約)、当日 4000円
駐 / 近隣有料 P あり
交 / JR沼津駅南口から無料シャトルバス運行
問 / (株)魚健 ぬまづ港の街 BAR 実行委員会 後藤智美 055-963-0902
注 / 体験型イベントやライブパフォーマンス等天候により中止あり

港町の雰囲気を満喫しよう

37

沼津市

11月 ぬまづ パンマルシェ

人気店が大集合！
パンでつながる笑顔の輪

　パンが大好きな主婦が集まって、「人と人とがつながり、おいしくて笑顔があふれるイベントができたら…」。そんな思いを込め、身近な人たちに楽しんでもらおうと5店舗のパン屋から始まった「パンの集い」。今では 50 店舗が出店し、「ぬまづ パンマルシェ」としてたくさんの人から愛される人気イベントになった。県内はもちろん県外からも参加があり、お取り寄せパン、アレルギー対応パン、菓子店のパンマルシェ限定パンなどが並ぶ。大量生産をしない、こだわりのパン屋ばかりなので売り切れ必至。おいしいパンを確実にゲットできる HAPPY PACK の予約販売もお見逃しなく！同時開催のハンドメイド市は約 50 ブースが並び見応えも十分。心もお腹も満たされるお気に入りに出合おう。

おいしいパンも素敵なハンドメイド雑貨も、頑張っている自分へのご褒美！

ハートの形のバタープレッツェルは人気商品。外は香ばしく中はもっちり。バターの塩気がたまらない

選ぶ楽しみ、食べる楽しみ。目移りしてしまうほどさまざまなパンが並ぶ

商店街にはお目当てのパンを求めて大行列が。沼津の街に活気と笑顔があふれる

どれにしようかな？

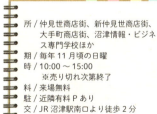

- クラフト雑貨
- ブック
- アート
- 服飾
- 音楽
- ガーデニング
- フード
- ワークショップ
- アウトドア
- 陶芸
- ヒーリング
- 食品販売
- ステージ
- イルミネーション

所／仲見世商店街、新仲見世商店街、大手町商店街、沼津情報・ビジネス専門学校ほか
期／毎年11月頃の日曜
時／10:00～15:00
　　※売り切れ次第終了
料／来場無料
駐／近隣有料Pあり
交／JR沼津駅南口より徒歩2分
問／090-1620-6337
注／雨天決行、マイバッグ＆小銭持参

39

熱海市

5月 春のあたみビール祭り
はるのあたみビールまつり

爽やかな潮風を浴びながら七輪の食欲そそる炭と磯の香りでビールが進む。贅沢な瞬間を堪能しよう

心地よい海風に当たりながらステージを楽しんだり、フリーマーケットでお気に入りを見つけよう

冷えたビールを片手に
七輪で浜焼きに舌鼓

熱海の親水公園に多くの人が集うビアガーデン。新鮮な海の幸を七輪で焼く浜焼きは、サザエ・カマ・サバのみりん干し・イカ・カマスなどを堪能できる。富士箱根の天然水から製造した「熱海ビール」はクリアな味わいが楽しめ、華のある熱海をイメージしたデザインも人気の理由。ステージやフリーマーケット、地元飲食店の出店や銘菓、地場産品を味わえる。

炭火焼きとビールで乾杯

クラフト雑貨　ブック　**音楽**　ガーデニング
アート　服飾　**フード**　ワークショップ
アウトドア　陶器　ヒーリング　**食品販売**
ステージ　イルミネーション

所／親水公園レインボーデッキ
　　（熱海市渚町 2018-8）
期／毎年5月上旬頃
時／10:00 ～ 16:00
料／来場無料
駐／有料 市営駐車場 1時間 200円
交／JR熱海駅より徒歩20分
問／熱海市観光協会 0557-85-2222
注／なし

富士宮市

上野の里まつり酒蔵めぐり
うえののさとまつりさかぐらめぐり

2月

酒を片手に串焼きやおでんで乾杯。純米大吟醸もリーズナブルな価格で試飲できる

酒蔵のはしごができる贅沢なひととき。新酒の出来上がりを心待ちにしていたファンも多い

雄大な富士を背に
老舗の酒蔵めぐり

　富士宮の山あい、上野地区に江戸時代から続く「富士正酒造」と「牧野酒造」。二大老舗酒蔵の蔵出しの新酒が出来上がる時期に町を挙げて開催。新たに「土井ファーム」も加わり、シャトルバスで3会場を巡回できる。地酒の試飲をはじめ、スイーツやグルメ、音楽イベント、茶席、ピザ体験などワークショップと盛りだくさん。大人でなくとも、子どもも一緒に楽しめる。

飲酒運転は
やめようね！

クラフト雑貨　ブック　音楽　ガーデニング
デート　服飾　フード　ワークショップ
アウトドア　陶芸　ヒーリング　食品販売
ステージ　イルミネーション

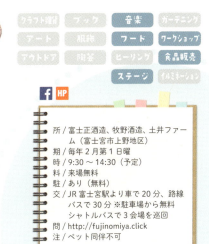

所／富士正酒造、牧野酒造、土井ファーム（富士宮市上野地区）
期／毎年2月第1日曜
時／9:30〜14:30（予定）
料／来場無料
駐／あり（無料）
交／JR富士宮駅より車で20分、路線バスで30分 ※駐車場から無料シャトルバスで3会場を巡回
問／http://fujinomiya.click
注／ペット同伴不可

秩父宮記念公園マルシェ (P52)
伊豆産のはちみつだから安心。
やさしい味わいの飴も併せて購入

Village mishima rakujuen (P12)
シンプルで使い勝手も良さそう。
長く使えるキッチングッズ

 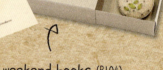

weekend books (P104)
丁寧に作られた
ナチュラル系の大人ブローチ

吉原 NEW! ナイトバザール (P106)
夏用に買った涼しげなピアスも
ビックリするほど手頃

おかげさん (P98)
昔よく食べたポン菓子も懐かしい

海辺のあたみマルシェ (P54)
今どきな和風小物発見！
畳へりを使ったブックカバーも
レトロでかわいい

42

> 会場で見つけたお気に入り♪
> イベント会場には素敵なモノ、キュートなグッズがたくさん。複数の会場で出店している店舗や作家さんも多いので、各会場でお気に入りを探してみよう。

ARTS&CRAFT 静岡手創り市 (P18)
洗練されたアート作品にうっとり。
気付いたら買っちゃった

ごてんばアート・クラフトフェア (P24)
人気のはちみつも
まあるいフォルムでついついパケ買い

みんなでカフェ＋本光寺 (P58)
おいしそうなカップケーキももちろんGET。
ワークショップで作ったこけしもカワイイでしょ？

FreeShelter (P80)
会場ですぐに付け替えたくなるような
個性的なピアスに一目惚れ

伊豆まるごと青空市 (P60)
オーガニックのはちみつと
レモンシロップ。ホットレモンにして
みようかな…

伊豆稲取 楽木祭 (P84)
エキゾチックで、
シュールなデザインが大好き！

マルシェ編

新鮮な朝採れ野菜に、地場食材で作るジャムやスイーツ、
手づくり雑貨や小物など、マルシェにはいろいろな
食材やフード、商品が大集合。作り手から直接購入できるから、
使い勝手や調理方法、思い入れを話したりできるのも魅力。

　　　46　沼津ナイトマーケット　（沼津）
　　　48　かわせみマルシェ　（清水町）
　　　50　ときすみマルシェ　（御殿場）
　　　52　秩父宮記念公園マルシェ　（御殿場）
　　　54　海辺のあたみマルシェ　（熱海）
　　　55　Nanz マルシェ　（下田）
　　　56　Green Forest Market　（東伊豆）
　　　58　みんなでカフェ＋本光寺　（富士）
　　　60　伊豆まるごと青空市　（伊東）
　　　62　狩野川ローカルマーケット・きつねの嫁入り行列　（沼津）
　　　64　沼津あげつち稲荷市　（沼津）
　　　65　KAGIYA MARKET　（浜松）
　　　66　まるたま市　（浜松）
　　　68　ボンマルシェフジエダ　（藤枝）

沼津市

夏 沼津ナイトマーケット
ぬまづナイトマーケット

ゆったりと時間が流れる
ご機嫌な夜市

　東日本大震災後の2011年、節電のために商店街にテーブルを並べ、数人で食事をしたことがきっかけで始まったナイトマーケット。沼津上土商店街および狩野川の河川敷に上土界隈の多くの店舗が出店し、テイクアウト料理とドリンク、そのほか雑貨や器などが並ぶ。のんびりと穏やかな空気に包まれ、普段の商店街とはひと味違う夜のまちを楽しめる。お気に入りの料理を手に入れたら、商店街に並べられたテーブルに腰を落ち着けるもよし、心地よい風の吹く河川敷で楽しむもよし。狩野川のやさしい風に吹かれながら、ゆったりとした時間を過ごせる。毎年さまざまなアーティストやパフォーマーが参加するステージもお楽しみに。

キュートな手づくり小物

大道芸もあるよ

少女たちの心をつかむかわいい花の冠は、フラワーショップによるもの。家族連れもたくさん

日が暮れてからの河川敷は、青く光る御成橋がいい眺め。のんびりとした空気に包まれている

少しずつつまめるデリタイプのサラダは300円。いろいろ試せるのがうれしい

狩野川の河川敷では階段に自由に座り、開放的な雰囲気。風を感じてゆっくり過ごそう

BGMで
ムードも
高まる

クラフト雑貨　ブック
アート　服飾
音楽　ガーデニング
フード　ワークショップ
アウトドア　陶芸
ヒーリング　食品販売
ステージ　イルミネーション

所／沼津上土商店街・狩野川河川敷
期／年1回夏頃（詳細はHPを確認）
時／17：30～21：00
料／来場無料
駐／近隣有料Pあり
交／JR沼津駅より徒歩約10分
問／沼津ナイトマーケット実行委員会
　　055-963-4556
注／特になし

47

清水町

⑤月 かわせみマルシェ

自然豊かな湧水公園でのんびり過ごす
ファミリーマルシェ

　豊かな水と緑に囲まれた柿田川公園で開催するマルシェ。カフェを中心にパン、ラーメン、カレーなどのフードブースのほか、ヨガやマッサージ、クラフト雑貨店などが並ぶ。20～30代のファミリー層が多く、各所に設置したハンモックでうたた寝したり、コースター作りや苔玉作りなどのワークショップに参加したり、段ボールハウスにお絵描きしたりとさまざまな楽しみ方を提案する。清らかな湧き水で水遊びできるのもココならでは。さらに本の新たな魅力が詰まった「柿田川公園ブックフェス」も同時開催。おすすめの1冊を持ち寄り「Book Book 交換」や芝生の上で読書を楽しむ「青空ライブラリー」で、いつもの読書とは違うひと時を過ごしたい。

カラフルな雑貨

冷たいものでも食べてく？

日頃の疲れを癒やしてくれるマッサージは自分へのご褒美

ハンモックに身を委ねながら、本を読もう。うたた寝しちゃうのもあり

見知らぬ誰かの心に響いた本のページをめくってみよう

青空と新緑のコントラストが美しく、そよぐ風も心地良い季節。今日はゆっくりのんびりマルシェでも行く？

クラフト雑貨	ブック
アート	服飾
音楽	ガーデニング
フード	ワークショップ
アウトドア	陶芸
ヒーリング	食品販売
ステージ	イルミネーション

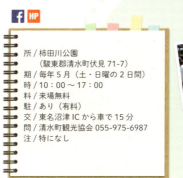

所 / 柿田川公園
　　（駿東郡清水町伏見 71-7）
期 / 毎年 5 月（土・日曜の 2 日間）
時 / 10：00 ～ 17：00
料 / 来場無料
駐 / あり（有料）
交 / 東名沼津 IC から車で 15 分
問 / 清水町観光協会 055-975-6987
注 / 特になし

御殿場市
年2回　ときすみマルシェ

時之栖の並木道にズラリと並ぶ
緑のマルシェ

　御殿場時之栖敷地全体を活用し行われるマルシェ。ワークショップ、作家の手づくり雑貨、フード、ヒーリング、占いなどさまざまな店舗が並木道に並ぶ。県内のみにとどまらず、県外からも出店者が集まる。「ワンちゃんエリア」の愛犬のしつけコーナーや歯のお手入れなど、珍しいワークショップもあり、ペットと散歩をしながら満喫できる。開催場所が時之栖ということもあり、園内には地ビールを味わえる食事場所、温泉、アクティビティーや遊具なども盛りだくさん。緑たっぷりのリゾート施設の中で、大人はマルシェでお買い物、子どもは遊具遊びと充実した1日を過ごせそう。

みんな楽しいワン！

地元で人気の店舗も出店。さまざまな出合いが待っている

作家との会話も楽しみの一つ。作品の秘話を聞けるかも

ワークショップエリアではキャンドル製作やチョークアートなど、子どもも遊べる体験型の店が並ぶ

広大な敷地の中でのマルシェに地元だけではなく観光客などの来場者も多い

- クラフト雑貨
- ブック
- アート
- 服飾
- 音楽
- ガーデニング
- フード
- ワークショップ
- アウトドア
- 陶芸
- ヒーリング
- 食品販売
- ステージ
- イルミネーション

所／時之栖（御殿場市神山719）
期／年2回
時／10:00～17:00
料／来場無料
駐／あり（無料）
交／JR御殿場線御殿場駅より無料シャトルバスで約15分
問／0550-87-3700
注／荒天中止

おしゃれな器もいっぱい

51

御殿場市

夏秋 秩父宮記念公園マルシェ
ちちぶのみやきねんこうえんマルシェ

ハンドメイド＆フードが盛りだくさん
四季折々の花々を愛でる公園マルシェ

　自然に囲まれた秩父宮記念公園で開催する3つのマルシェ。中でも2日間で約8000人の来場者でにぎわう食の祭典「ごてんばmiyaマルシェ」は、県東部のおいしいものが一堂に集結する。食の生産者から直接購入でき、作り手との会話も弾む。子どもが主役の「ちびっこマルシェ」は、園内の自然を生かしたネイチャーハントや針金アートなど子どもがワクワクするワークショップを数多く用意。ハンドメイド作品をメインとした「手づくりマルシェ」には、アクセサリー、布・小物雑貨など約40店が出店し、販売からワークショップまで楽しめる。2017年からは食と手づくり、2つのマルシェを合わせさらにパワーアップする予定。

絵本の世界に入っちゃおう

行列ができるピザゲット

ちびっこマルシェ
子どもだけでなく、大人も童心に戻って楽しめる。園内を生かした自然体験を開催

ごてんばmiyaマルシェ
調理を目の前で見られるのも楽しみの一つ。お目当てのフードは並んででも食べたい

手づくりマルシェ
作り手と直接会話ができるのも魅力。広く活躍中の作家の展示会も同時開催

県東部のおいしいものが一堂に集まる「ごてんば miya マルシェ」は毎回大にぎわい。駐車場も混雑するので早めに出掛けよう

クラフト雑貨	ブック
アート	服飾
音楽	ガーデニング
フード	ワークショップ
アウトドア	陶芸
ヒーリング	食品販売
ステージ	イルミネーション

所 / 秩父宮記念公園
　　（御殿場市東田中1507-7）
期 / 夏・秋（ごてんば miya マルシェ）、
　　夏（ちびっこマルシェ）
時 / 9:00 ～ 16:00（会期により異なる）
料 / 会期中無料
駐 / 会期中無料開放
交 / JR 御殿場線御殿場駅より無料送迎
　　バスで 10 分
問 / 秩父宮記念公園 0550-82-5110
注 / 特になし

熱海市

年6回　海辺のあたみマルシェ
うみべのあたみマルシェ

熱海銀座通りに露店が並び、地元客や観光客も利用する

フラダンスやパフォーマンスなどのさまざまな催しも行われている。イベントはその時によってさまざま

熱海の街を豊かに
つながりを感じる街中マルシェ

　熱海で事業をしようとする人の最初の一歩の場として2カ月に一度開かれている。「熱海の毎日を豊かで楽しいものに」をコンセプトに、伊豆の作家を中心とした雑貨やフードなどが並び、「七輪焼ブース」では、新鮮な海産物を購入し、その場で豪快に浜焼きで味わえ、周辺の海の幸を存分に楽しめる。出店者と街のファンとのつながりも感じられるイベントだ。

お手製のバッグです！

クラフト雑貨　ブック　音楽　ガーデニング
アート　服飾　フード　ワークショップ
アウトドア　陶芸　ヒーリング　食品販売
ステージ　イルミネーション

所/熱海銀座通り（期間ともに2017年以降変更の可能性あり）
期/2カ月に1回
時/10:00〜16:00
料/来場無料
駐/近隣有料Pあり
交/JR熱海駅より徒歩20分
問/海辺のあたみマルシェ実行委員会
　marche@atamista.com
注/特になし

下田市

Nanz マルシェ
ナンズマルシェ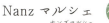

 不定期

多彩な出店者の作品とお腹を刺激するフードが施設内に並ぶ。その時だけのイベントやワークショップがあることも

野外で行われるマルシェなので会場は開放的な雰囲気、活気に満ちあふれている

開国の街下田で行われる
地域密着型イベント

　人や文化の交流を生む「場」を目指し、旧南豆製氷所跡地に2015年9月オープンした総合商業施設「NanZ VILLAGE」。そこで開催されるマルシェでは、長年地域で活躍する生産者や、新たな可能性を感じ下田へ移り住んだ人々など多彩な顔ぶれがそろう。「下田の街を盛り上げよう」と、地元の食材や雑貨を通じて交流を楽しみ、地域に根ざしたイベントを目指している。

新鮮な野菜も！

NanZ VILLAGE

クラフト雑貨　ブック　音楽　ガーデニング
アート　服飾　フード　ワークショップ
アウトドア　陶芸　ヒーリング　食品販売
　　　　　　ステージ　イルミネーション

所／下田市一丁目6-18
期／不定期
時／10:00〜16:00
　　（時期により変更あり）
料／来場無料
駐／近隣有料Pあり
交／伊豆急下田駅から徒歩5分
問／NanZ VILLAGE　0558-36-4318
注／特になし

東伊豆町

春秋 Green Forest Market
グリーン フォレスト マーケット

ツリーハウスを囲んで楽しむ
体験型フリーマーケット

　稲取にある「Manas Cafe」で開催されていたフリーマーケットが、2016年9月から名所ツリーハウスで大きく生まれ変わった。フリマをメインに、ハンバーガーやスパム丼、スイーツなどのフードブースも出店する。耳つぼジュエリーやタイ古式マッサージのほか、電熱ペンで木に絵を描くウッドバーニングなど、地元東伊豆を中心に、下田、河津、松崎、函南、富士など県東部エリアから多くの店が軒を連ねる。その数60店舗以上。ロープジャングルジムや水遊び場など遊具も充実し、大自然の緑豊かな芝生の上で大人も子どもも遊べる体験型マーケットだ。ステージで行われるヨガやフラダンスももちろん参加できる。そのほか地元バンドによる音楽ライブなど2部制でにぎやかに行われる。

子ども服・レディース服の古着、ぬいぐるみ、ハンドメイド小物ブースが軒を連ねる。掘り出し物を見つけよう

地元のおいしい食材を使った料理が数多く並ぶフードブース

ツリーハウス下の広場がメインステージ。緑豊かな芝生の上で行う体験型のヨガやフラダンス

地元バンドを中心とした熱いステージが繰り広げられる。雄大な空と大地、音楽が互いに調和し合う

クラフト雑貨	ブック
アート	服飾
音楽	ガーデニング
フード	ワークショップ
アウトドア	陶芸
ヒーリング	食品販売
ステージ	イルミネーション

所／ツリーハウス（賀茂郡東伊豆町稲取高原芝生広場）
期／春・秋の年2回
時／10:00～15:30
料／来場無料
駐／あり（無料）
交／伊豆急行伊豆稲取駅より車で7分
問／Manas Cafe 0557-95-5000
注／特になし

おいしいもの いっぱい

57

富士市

みんなでカフェ＋本光寺
みんなでカフェプラスほんこうじ

魅力たっぷりのお店が
歴史あるお寺に集結

　富士市妙瑞山・本光寺で行われるキャトルエビス富士店主催のマーケット。「富士の街をもっと盛り上げていこう」と立ち上がったこのイベントを毎年心待ちにしているファンも多く、その人気は開場前から長い行列ができるほど。県内外から出店する人気飲食店や陶芸、暮らしを彩るアイテム雑貨や地元のイラストレーターの作品など、魅力的な店舗が境内にずらりと並ぶ。また、本光寺の本堂内では写経体験やお抹茶体験なども開催。キャトルエビス富士店でもイベントと連動したくじ引きなども行っており、そこにも長蛇の列が。隅から隅まで1日中賑わいを見せている。

来場は早めに！

現実から離れ、机に向かって一心にお経を写す本堂内での写経体験は、集中力をアップさせてくれる貴重な体験

本光寺境内は開場から多くの来場客が集まり活気であふれ、なかには本光寺の一画を貸し切った店舗も

その場でドリップしてくれるコーヒーや出来たてのクレープなど、余すところなくイベントが盛りだくさん

キャトルエピス内のカフェスペースを丸々使用したくじ引き会場。当たりを引き当てた人には盛大な拍手と素敵な賞品が

クラフト雑貨	ブック
アート	服飾
音楽	ガーデニング
フード	ワークショップ
アウトドア	陶芸
ヒーリング	食品販売
ステージ	イルミネーション

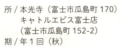

所 / 本光寺（富士市瓜島町 170）
　　キャトルエピス富士店
　　（富士市瓜島町 152-2）
期 / 年 1 回（秋）
時 / 10:30〜16:00
料 / 来場無料
駐 / あり（無料）
交 / JR富士駅から車で 15 分
問 / キャトルエピス富士店
　　0545-55-3388
注 / 特になし

紙切りアートも！

地元作家のイラスト

59

伊東市

7月 伊豆まるごと青空市
いずまるごとあおぞらいち

青空の下でのんびりピクニック
伊豆グルメと自然を満喫しよう

　大室山の麓・さくらの里で毎年7月上旬に開催されるマーケット。物販とフード、フリーマーケットのエリアに分かれ、ステージイベントなども開催する。青空と大室山の緑が気持ちよく、木陰にシートを敷いて食事したり、ごろりと昼寝したりと手軽にピクニック気分で楽しめるのが魅力。開放感あふれる芝生の上ではのびのび遊ぶ子どもたちの姿も見られ、親子で存分に楽しめるイベントだ。出店は伊豆半島からの店舗が多く、他のマルシェではお目にかかれないフードやグッズに出合えるかも。会場内にゴミ箱がないので食事で出たゴミは基本持ち帰り。エコ活動や震災支援、野良猫の里親募集、選挙時は投票証明書持参でサービスがあるなど、社会の一員として大切な気づきも与えてくれる。

ボランティアが運営

石のステージ。心地よい風にのってフラのお披露目。地元バンドによる演奏や大旗の圧巻のパフォーマンスも

伊豆半島のグルメが集結してウキウキしちゃう。お昼時は行列になることも。完売もあるからお早めに！

アメリカン雑貨や手作りの箸、ユニークTシャツ、かわいいサンダルなどつい手に取りたくなるものも販売

大室山の麓・さくらの里で開催。会場はほとんどが芝生でごろりと横になるのもいい。ファミリーでのんびり楽しめる

クラフト雑貨	ブック
アート	服飾
音楽	ガーデニング
フード	ワークショップ
アウトドア	陶芸
ヒーリング	食品販売
ステージ	インフォメーション

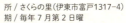

所／さくらの里（伊東市富戸1317-4）
期／毎年7月第2日曜
時／10:00〜16:00
料／来場無料
駐／あり（無料100台）
交／伊豆急行伊豆高原駅よりバスで約22分
問／実行委員会 090-6586-9426
注／ゴミ持ち帰り。マイ箸、コップ、皿を持参。雨天中止

買って帰ろう！

61

沼津市

春秋 狩野川ローカルマーケット・きつねの嫁入り行列
かのがわローカルマーケット・きつねのよめいりぎょうれつ

沼津の不思議な伝承が由来
参加型のおもしろイベント

　狩野川河川敷「風のテラス」で、沼津市内の店舗が集う「狩野川ローカルマーケット」と、沼津に伝わる古い伝承に由来した「きつねの嫁入り行列」を同時開催。川沿いの穏やかな風景のなか、狩野川流域の特産品が並び、家族で参加できるワークショップや「水辺のステージ」が会場を盛り上げる。昼ごろに会場をひときわ沸かせるのが「きつねの嫁入り行列」だ。花嫁一行は沼津港からあゆみ橋まで狩野川をのぼり、花婿の待つ上土朝日稲荷神社前で神前挙式を行った後、きつねメイクを施した参加者全員で上土や仲見世を練り歩く。メイクは誰でも無料ででき、たくさんの人が参加して沼津の市街地がにぎやかな雰囲気に包まれる。沼津の文化を感じられるユーモラスなイベントに参加してみては。

爽やかなグリーン

布小物やグリーンなど、お気に入りの雑貨があったら手に取ってみよう

気軽にその場で食べられる地元名物から、お土産にしたい瓶詰めまでいろいろそろうフード類

気軽に参加したいワークショップ。雑貨づくりのほか、体験カヤックができるのもこのイベントならでは

花嫁・花婿を迎え、朝日稲荷神社前の「風のテラス」で、親族が見守るなか神前挙式を行う

クラフト雑貨	ブック
アート	服飾
音楽	ガーデニング
フード	ワークショップ
アウトドア	陶芸
ヒーリング	食品販売
ステージ	イルミネーション

所／風のテラス
　　（沼津市上土町狩野川右岸階段堤）
期／マーケット：年2回春・秋頃、
　　きつねの嫁入り行列：年1回秋頃
時／マーケット 10:00～14:00、
　　きつねの嫁入り行列 11:45～
料／来場無料
駐／近隣有料Pあり
交／JR沼津駅から徒歩約10分
問／マーケット 055-963-4556、
　　きつねの嫁入り行列
　　055-962-3812
注／特になし

神社前でコンコン！

沼津市

毎月 沼津あげつち稲荷市
ぬまづあげつちいなりいち

毎月楽しみに通うリピーターも多く、見ているだけでワクワクするお店がずらり。早めの時間帯に行くのがベスト

おかみさん会ではそれぞれが全国各地から取り寄せ、実際に食べておいしかったものを販売

稲荷市で昭和の時代が復活！
限定弁当や手作り小物など70店

昭和モダンがコンセプト

沼津上土商店街のおかみさん9人で結成したおかみさん会主催のイベントは、毎月15日に開催。沼津駅から南下する上土商店街の道を挟み、両サイドに店が並ぶ。40年前に開かれていた稲荷市を8年前に復活させたものだが、今では開始時刻を待って多くの人が訪れる人気市になった。全国からのお取り寄せ商品やホテルメイドの洋・和食料理も登場する。

クラフト雑貨	ブック	音楽	ガーデニング
アート	服飾	フード	ワークショップ
アウトドア	陶芸	ヒーリング	食品販売
	ステージ	イルミネーション	

所/沼津市上土商店街
期/毎月15日（1・8月休み）
時/9:00～12:00
料/来場無料
駐/近隣有料Pあり
交/JR沼津駅南口から徒歩約5分
問/上土おかみさん会
　　055-962-1650（市川時計店）
注/公共交通機関を利用

浜松市

KAGIYA MARKET
カギヤマーケット 不定期

農家の生鮮野菜やお菓子、市内外から出店する職人技が詰まったクラフト雑貨やアンティーク雑貨なども並ぶ

マンションギャラリーの駐車場内で露店が展開。快晴の日は心地いい

良質な日常品が並ぶ
おしゃれマーケット

　築50年のビル、KAGIYAビルのテナントが主催するマーケット。「街中でもっと良質な日用品が集まる場所、そして買える場所があればいいな」という思いから『Good Daily Goods』をコンセプトに、各テナントのつながりから集まった店が並ぶ。まるでフランスのマルシェのようなアットホームな雰囲気で、来場者との触れ合いが街のにぎわいとなっている。

アートな作品も！

クラフト雑貨　ブック　音楽　ガーデニング
アート　服飾　フード　ワークショップ
アウトドア　陶器　ヒーリング　食品販売
ステージ　イルミネーション

所 / 丸八不動産 ART FORME マンションギャラリー
　（浜松市中区田町 226-11）
期 / 不定期
時 / 10:00〜16:00
料 / 来場無料
駐 / 近隣有料 P あり
交 / JR 浜松駅より車で約5分
問 / KAGIYA マーケット実行委員会
　　kagiyamarket@gmail.com
注 / 特になし

浜松市

 春秋 まるたま市

いつもと違う輝きを放つ商店街へ
お気に入りの雑貨を探しに出掛けよう

　来場者数8000人を超える人気の大型雑貨市。浜松の中心市街地である「肴町商店街」を中心に、普段使われていない空き店舗や空間を活用して展開する町おこしのイベントだ。街に点在する5ヵ所の会場には、ハンドメイド作家による布・革・木・金属などのクラフト雑貨やアクセサリー、カフェやスイーツ、ドリンクなどのフードブースまで多種多様な店が出店する。その数なんと80店舗以上。街を散策しながら、買い物を楽しめると評判だ。各会場をめぐりながら集めるスタンプラリーも人気で、素敵な賞品が当たるかも。限定ランチのある協賛店舗もあり、街全体がさらににぎわいをみせる2日間だ。

お店巡りも楽しい

歩き疲れたら緑茶とスイーツでひと休み。奥座敷でゆっくりくつろげる

ハンドメイドマルシェ「1000ché」。新浜松駅から徒歩1分のコミュニティースペース「Any」で開催

曜日によって会場が異なるので、HPを要チェック

町に点在する会場の中でもひと際目を引く。肴町通りに面した味わいある三米商店の建物が目印

クラフト雑貨	ブック
アート	服飾
音楽	ガーデニング
フード	ワークショップ
アウトドア	陶芸
ヒーリング	食品販売
ステージ	イルミネーション

f HP

所／肴町商店街周辺
期／年2回（5・10月の第3土・日曜）
時／10:00 〜 16:00
料／来場無料
駐／提携駐車場あり
交／JR浜松駅から徒歩約5分
問／浜松まちなかマネジメント（株）
　　053-459-4320
注／最大5時間500円の駐車券を運営本部で販売（棒屋パーキング、ザ・パーク24、エコパーク、アルスパーキングと提携）

会場もいろいろあるよ

藤枝市

 秋　ボンマルシェフジエダ

ベビーカーでも安心
パリの香り漂う歩行者天国マルシェ

　JR藤枝駅南口からまっすぐ伸びる約105mの駅南通りが会場に様変わり。歩行者天国で開催されるマルシェは、まるでパリのマルシェのような雰囲気。東欧・英国などのアンティーク雑貨やアクセサリー、木製雑貨、花、洋菓子、カフェといったこだわりの店が顔をそろえる。子どもが小さくて足が遠のいてしまった人気の個人店にも周囲に気遣うことなく、足を運べるとママたちにも好評だ。キッズスペースもあり、ベビーカーを押しながらでもゆっくりと買い物を楽しんでほしいとの思いから発足したマルシェも2016年11月で10回目を迎え、子育て世代を中心ににぎわう。

人形劇も子どもたちに人気（会期により内容は異なる）。キッズスペースも完備して安心だ

アンティーク雑貨が多く集まり、まるでパリの蚤の市のよう

子育て世代を中心ににぎわいをみせる。マフィンとコーヒーで一息

店主自ら買い付けたヨーロッパの雑貨の数々。雑貨好きにはたまらない。自分好みの掘り出し物が見つかるかも

クラフト雑貨	ブック
アート	服飾
音楽	ガーデニング
フード	ワークショップ
アウトドア	陶芸
ヒーリング	食品販売
ステージ	イルミネーション

所／藤枝駅南通り ストリート 105
期／秋（番外で春の開催もある）
時／10:30 ～ 15:00
料／来場無料
駐／近隣有料 P あり
交／JR 藤枝駅南口すぐ
問／（株）まちづくり藤枝
　　054-645-1555
注／小雨決行・雨天中止。開催場所など変更する場合あり、ブログ・Facebook にて要確認

楽しいワークショップも

ミュージック&アウトドア編

アーティストの息づかいまでもが伝わるミュージックフェス。
大自然の中で聴く音楽は、
肌に心に芯からしびれる特別な時間をくれる。
大地に包まれ、音楽に触れ、キャンプやアウトドアを楽しむ、
そんな贅沢な時間を満喫しよう。

72　ACO CHILL　（御殿場）
74　頂 -ITADAKI-　（吉田）
76　GO OUT JAMBOREE ／ GO OUT CAMP　（富士宮）
78　朝霧JAM　（富士宮）
80　FreeShelter　（富士宮）
82　WINDBLOW　（牧之原）
84　伊豆稲取 楽木祭　（東伊豆）
86　吉原寺音祭／寺っテラ市　（富士）
87　狩野川カヤック　（沼津）
88　SHIZUOKA×CANNES WEEK　（静岡）
90　弁天島花火フェス　（浜松）
91　東海道音楽祭〜つながりの道〜（藤枝）

御殿場市

5月 ACO CHILL powered by 富士山麓
アコチル

親子で楽しむ
アウトドアフェス

　2015年に始まった親子で楽しむアウトドアキャンプフェス。「Acoustic, Children, Chill out and Big smiles!!」をコンセプトに、親子で自然と触れ合い、外遊びがもっと楽しくなる企画が盛りだくさん。富士山麓の大自然が広がる富士山樹空の森で開かれ、メジャーアーティストによる温かみあふれるアコースティックライブやパフォーマンスのほか、会場には地元のおいしいものが集まった飲食ブースや乗馬やヘリコプター乗車、惑星ウォッチングなどの親子向けのワークショップ、レクリエーションなど多数用意される。大人がゆっくりとくつろげる空間も設けられ、遊びと癒やしを同時に楽しむことができるのも魅力のひとつ。キャンプインもあり、多くの親子連れがアウトドアを思う存分堪能できる2日間だ。

サッカー大好き

メジャーアーティストによるアコースティック編成のライブパフォーマンスが繰り広げられる

子どもたちは青空の下、「冒険の丘」の遊び場やいつもと違う遊具で思いっきり遊ぶ

スクリーンプリント体験や楽器、キャンドル作りなどのワークショップが多数行われる

みんなで行う御殿場体操「ごてんばおてんば」。リズムに乗って親子で一緒に身体を動かそう！

- クラフト雑貨
- ブック
- アート
- 服飾
- 音楽
- ガーデニング
- フード
- ワークショップ
- アウトドア
- 陶芸
- ヒーリング
- 食品販売
- ステージ
- イルミネーション

所 / 富士山樹空の森
　　（御殿場市印野1380-15）
期 / 毎年5月の2日間
時 / 9:00～21:00 ※日程により異なる
料 / 有料（事前購入・HP要確認）
駐 / あり（有料）
交 / JR御殿場駅からシャトルバスで約20分
問 / なし ※HPを確認
注 / 雨天決行

キャンプもできるよ

榛原郡吉田町

6月 頂 -ITADAKI-
いただき

地球にやさしい
野外大音楽祭

「最高の音楽を最高のシチュエーションで！」をテーマに掲げた野外音楽フェス。このイベントのためだけに吉田公園に特設ステージ＆キャンプエリアを作り、メジャーアーティストのライブはもちろん、フードブースやキッズエリアなどで多数の催しが行われる。子ども連れの来場も多く、マイ箸や竹キャンドルホルダー作りなど一緒に楽しめるワークショップも開催。ゴミは極力出さず、箸・カップ・皿の持参を呼びかけ、持ち寄られた廃油から電気を作り、会場内の電力を賄うなど、未来の子どもたちのために今できることを真剣に取り組む。会場内のすべての電気を消して、ロウソクのあかりだけでライブを楽しむキャンドルタイムで盛り上がりは最高潮に達する。

たっまやー！

宿泊はグリーンキャンプエリアとオートステイエリアの2エリアに分かれている

夕暮れ時に会場のすべての電気を消し、ひとりひとりが持ち寄ったキャンドルに灯を灯す

みんなで廃油を持参し、ステージ全ての電力を廃油から精製されたバイオディーゼル発電で賄う

メジャーアーティストたちの生ライブに大盛り上がりを見せる

クラフト雑貨	ブック
アート	服飾
音楽	ガーデニング
フード	ワークショップ
アウトドア	陶芸
ヒーリング	食品販売
ステージ	イルミネーション

所／吉田公園特設ステージ
　　（榛原郡吉田町川尻 4036-2）
期／毎年 6 月の 2 日間
時／10:00 ～ 22:00 ※日程により異なる
料／有料（事前購入・HP 確認）
　　※保護者同伴のみ中学生以下無料
駐／あり（有料）
交／JR 島田駅南口より無料シャトルバスで約 30 分
問／なし ※HP を確認
注／箸・カップ・キャンドル・ゴミ袋・廃油持参

ワンコも一緒だよ

75

富士宮市

春秋 GO OUT JAMBOREE／GO OUT CAMP
ゴーアウトジャンボリー／ゴーアウトキャンプ

大人も子どもも GO OUT！
自然を楽しむアウトドアイベント

アウトドアファッション誌「GO OUT」が主催する「GO OUT JAMBOREE」と「GO OUT CAMP」。仲間とキャンプを楽しんだり、ステージライブで盛り上がったり、さらには網渡りの一種であるスラックラインや今話題のボルダリング、木こりや気球といった約50種のアクティビティを一度に体験できる欲張りなアウトドアイベントだ。アウトドアブランドの店舗がずらりと並び、新作アイテムも手に入る。そのほか、オフィシャルバーで販売する限定スイーツも忘れずに。霧や雨でもお気に入りのレインウエアを身にまとえば、気分も盛り上がりそう。天気が良ければ間近に富士山を望み、その雄大さに心奪われるはず。まさに自然を体感し、満喫できるイベントだ。

かわいい
ポンチョ♪

ステージで繰り広げられるアーティストのライブで来場者もご機嫌♪

夜は大人もワクワクするキャンプファイヤー。仲間と火を囲んで特別な夜を過ごそう

心地よい自然の中でできる体験もいっぱい。500円でスラックラインにチャレンジできる

大自然に包まれて過ごす2日間。キャンプやアクティビティーを楽しむうちにアウトドアの達人になれちゃうかも！

クラフト雑貨	ブック
アート	服飾
音楽	ガーデニング
フード	ワークショップ
アウトドア	陶芸
ヒーリング	食品販売
ステージ	イルミネーション

所／ふもとっぱら（富士宮市麓156）
期／GO OUT JAMBOREE 2017
　　4月14日・15日・16日
　　GO OUT CAMP vol.13　9月29日・30日・10月1日（予定）
時／イベントにより異なる
料／有料（前夜祭、日帰り、1泊2日の入場券あり）
駐／有料（駐車場所により異なる）
交／新東名富士ICより車で約40分
問／実行委員会 info@gooutcamp.jp
注／雨天決行。詳細はHPを確認

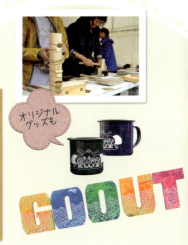

オリジナルグッズも

富士宮市

10月 It's a beautiful day - Camp in 朝霧 JAM -
あさぎりジャム

世界文化遺産「富士山」の麓で楽しむ音楽フェスティバル

　2001年から始まった富士山麓で行われるジャンルレスな音楽フェスティバル。海外アーティストを含めた個性豊かな出演者が、標高800mの美しい朝霧高原に集結。朝霧の大自然とともに奏でる音楽に身を委ねて楽しめる。会場では富士のお茶や搾りたての牛乳、その牛乳を使った名物シチューやB級グルメ定番「富士宮やきそば」などのフードをはじめ、ワークショップや家族全員で参加できるファシリティなど幅広く展開。地元（富士富士宮〜静岡県内）ボランティア・サポーターと来場客との絆も垣間見える。富士山の頂上から朝日が昇るダイヤモンド富士や、西日が当たる赤富士などの素晴らしい景観との出合いも魅力だ。

かわいい雑貨も！

小学生以下は保護者の同伴に限り入場無料。大自然の中で開放的に楽しめるキッズランドもある

キャンプをしながら音楽を楽しむフェス。会場には色とりどりのテントが並ぶ

夜にはまた変わった表情を見せる会場の雰囲気。ゆったり思い思いの時間を過ごせる

空の移り変わりを楽しめる朝霧高原は、空気がキレイなので日本でも有数な星観察スポット

- クラフト雑貨
- ブック
- アート
- 服飾
- 音楽
- ガーデニング
- フード
- ワークショップ
- アウトドア
- 陶芸
- ヒーリング
- 食品販売
- ステージ
- イルミネーション

所／朝霧アリーナ
　　（富士宮市麓 487-5）
期／毎年10月
時／HP参照
料／要チケット事前購入
　　（HPに注意事項掲載）
駐／あり（有料）
交／JR新富士駅・富士駅から有料シャトルバスあり
問／SMASH　03-3444-6751
　　HOT STUFF PROMOTION
　　03-5720-9999
注／詳細はHP：asagirijam.jpに記載

写真提供Ⓒ宇宙大使☆スター

富士宮市

7月 FreeShelter
フリーシェルター

富士山麓でココロとカラダを解き放とう！
アットホームなコンパクト野外フェス

　富士宮にある「ハートランド朝霧」で毎年開催する野外音楽イベント。地元DJや有名アーティストなど総勢30組が出演し、趣向を凝らしたステージ装飾や照明に加え、深夜帯の音出しも可能なため、遅くまで音に酔いしれ踊り明かすことができるのが魅力だ。小さな村にも見える出店ブースは、主に県内を中心とした飲食店やクラフト雑貨が軒を連ねるほか、キッズエリアや授乳スペースも設置されて安心して子どもと一緒に参加できる。程よい広さと適度な密集度で、家族連れや普段会えない仲間が集うのにちょうどいい。入場券のみの販売で深夜の入退場ができない1泊2日のイベントのため、富士の麓でのキャンプも併せて楽しもう。

キッズもたのしい！

買ったらすぐ身につけたくなるオシャレな作品が多数。県内出身のクラフト作家が作るピアスや革製品も

野性味あふれるジビエフランク。ビール片手に豪快にかぶりつきたい

体にいいとされる酵素ドリンクやコールドプレスジュースなども並ぶ。健康志向の人はたまらない

会場を盛り上げるアーティストはもちろん、ステージを飾る装飾やライティングもカッコイイ!!

クラフト雑貨 / ブック / アート / 服飾 / 音楽 / ガーデニング / フード / ワークショップ / アウトドア / 陶芸 / ヒーリング / 食品販売 / ステージ / イルミネーション

所／ハートランド朝霧
　　（富士宮市根原228）
期／毎年7月第3週頃の土・日曜
時／1日目12:00〜、
　　2日目〜19:00（閉場21:00）
料／有料 ※入場券のみ、日帰り券なし
駐／あり（有料）
交／新東名富士ICより車で約40分
問／Facebookを確認
注／ゴミは持ち帰り。深夜入場不可

最高潮！

牧之原市

8月 WINDBLOW
ウィンドブロウ

開放的なシーサイドステージで
海風と音楽が入り交じる心地よい時間

　2002年から始まってはや15年。海が見える小高い公園で、夏の終わりにゆったりと開催される。レゲエやブルース、アコースティックサウンドなど、出演アーティストが奏でる音楽はどれも心地よく、どれも海がよく似合う。海風と音楽に身を委ね、開放感を味わいながら過ぎゆく夏を満喫しよう。第1回から続くビーチクリーンや、今や当たり前となったリユースカップも音楽イベントで先駆けて取り入れるなど、環境に配慮しているのも特徴的。押しつけではないエコの意識が自然と芽生えてくる。流木などを使って手作りした会場の装飾も、自然に溶け込むような、味のある温かみを演出。程よいサイズ感とローカル感で、より心地よいひと時が過ごせそうだ。

毎年約200人が協力して行われるビーチクリーンは日曜の9時から。出演者やスタッフも参加

ステージ横では会場の盛り上がりに合わせるかのようにアートも完成に近づく

釣り堀まである充実したキッズエリア。おむつの交換場所まで用意されパパママも安心

盛り上がるステージの向こうには海。隣の相良サンビーチではサーフィンを楽しむ人の姿も見え、開放的な雰囲気を存分に味わえる

- クラフト雑貨
- ブック
- アート
- 服飾
- 音楽
- ガーデニング
- フード
- ワークショップ
- アウトドア
- 陶芸
- ヒーリング
- 食品販売
- ステージ
- イルミネーション

所／相楽シーサイドパーク
　　（牧之原市相良 264-23）
期／毎年 8 月最終土・日曜
時／11:00～20:00 過ぎ
料／有料 ※1DAY、2DAYS あり
駐／あり（無料）※台数制限あり
交／東名相良牧之原 IC より車で約 20 分
問／info@windblow.jp
注／雨天決行、荒天中止。ゴミは持ち
　　帰り

エコでもっと楽しく！

東伊豆

  不定期 伊豆稲取 楽木祭
いずいなとり がっきさい

ツリーハウスを囲む
雄大な自然と音楽フェス

　2012年、日本のツリーハウス第一人者小林崇氏が手掛けた作品が伊豆稲取の高原に完成したのをきっかけに、地元有志が集まり音楽を中心としたイベント「楽木祭」が誕生した。地元や全国で活躍するさまざまなジャンルのミュージシャンたちが登場し、ワンマンライブ並みにたっぷりと演奏してくれる。彼らの奏でる心地良いグルーヴに身を委ね、踊ったり、広い芝生に寝転んでくつろいだりと、思い思いのスタイルで音楽を楽しめる。豊かな自然に抱かれたロケーションということもあり、家族連れの参加者が多いのも特徴。フードやオリジナルグッズ、アクセサリーや雑貨などのブースも出店する。当日は満天の星空の下、キャンプインもできる。

親子でのびのび！

ツリーハウスにも登れる！

カレーやタコライス、ハンバーガーなど青空の下で食べたいフードも充実。夜は温かいラーメンが身にしみる！

「のんびり、ゆるくつながる音楽イベント」が楽木祭のモットー。大人も子どもも一緒に楽しめる

東田トモヒロさんなど人気アーティストをはじめ、ロックやレゲエ、ファンクなど多彩なステージを展開

数千人収容可能な芝生広場に響きわたる音楽と子どもたちの笑い声、豊かなローカルフェスがここにある

● 東伊豆町
クロスカントリーコース

稲取ふれあいの森
稲取高校
伊豆東部総合病院
伊豆稲取

クラフト雑貨	ブック
アート	服飾
音楽	ガーデニング
フード	ワークショップ
アウトドア	陶芸
ヒーリング	食品販売
ステージ	イルミネーション

所／東伊豆町クロスカントリーコース
　　芝生広場
　　（賀茂郡東伊豆町稲取 3349-1）
期／不定期
時／12:00～20:00（変更あり）
料／有料
駐／あり（無料）
交／伊豆急行伊豆稲取駅よりバスで
　　約10分
問／0557-95-1401
注／マイ箸・マイカップを持参

フードも
グッズも
見逃せない！

85

富士市

5月 吉原寺音祭／寺ッテラ市
よしわらじおんさい／てらッテラいち

本堂で開催されるライブは必見！毎年2〜3組のミュージシャンがメロディーを奏でる

同時開催の「寺ッテラ市」にはジャークチキン、ジャマイカ料理、無農薬野菜、布小物など地元から約20店が並ぶ

レゲエサウンドが響く
地元愛で支える寺ライブ

　2016年6月で第9回を迎えたイベントは、10年前に主催者で副住職の川村孝裕さんが出家した際、本堂を使って音楽イベントをしたいと始めたのがきっかけ。レゲエミュージシャンという驚きの経歴で、そのつながりを生かして東京からミュージシャンを呼び、毎回にぎやかなライブを行う。地元とのつながりも強く、来場者300〜500人と多数。

ミラーボールも回ります

クラフト雑貨　ブック　音楽　ガーデニング
アート　服飾　フード　ワークショップ
アウトドア　陶芸　ヒーリング　食品販売
　　　　　ステージ　イルミネーション

所／吉原山 妙祥寺
　　（富士市中央町1-9-58）
期／毎年5〜6月の友引の土日
時／12:00〜夕方
料／来場無料
駐／30台（満車時は近隣有料P）
交／岳南電車吉原本町駅より
　　徒歩約10分
問／吉原山 妙祥寺　0545-52-1295
注／特になし

沼津市
狩野川カヤック
かのがわカヤック
通年

体験は基本レクチャーと 30 分の乗艇を含めてトータル 1 時間弱。狩野川のコンディションによっては体験が行えない場合も

インストラクターによる丁寧な指導があるので安心。濡れてもいい服装と靴で出掛けよう

沼津の街中で
のんびりカヤック体験

　JR沼津駅から徒歩10分、街の中心を流れる狩野川で気軽にカヤック体験ができる。穏やかな景色を眺めながら、川面を滑る風に吹かれてリラックスできること間違いなし。カヤックだからこそ行けたり見られる場所を楽しんだり、狩野川の豆知識を知ることができたりと内容も充実。30分の体験でカヤックに慣れたら、沼津港まで下るコースも人気。

所／ロットン店舗（沼津市上土町10）
期／事前予約があれば随時対応
時／10:00〜18:00
料／カヤック体験料1人30分1500円（大人・子ども共通）、延長15分500円
駐／近隣有料Pあり
交／JR沼津駅より徒歩10分
問／ロットン　055-951-3810
注／特になし

静岡市

5月 SHIZUOKA×CANNES WEEK
シズオカ カンヌウィーク

静岡にフランスの風が吹く
日本最大級のマルシェと野外上映を楽しもう

　フランスで毎年行われるカンヌ映画祭に合わせて、姉妹都市である静岡市で開かれる通称「シズカン」は、市内3カ所を中心に日本最大級のマルシェと野外上映が行われる。石畳が印象的な七間町名店街での「街角のマルシェ」と、海風を感じながらの野外上映が好評の清水マリンパーク会場「海辺のマルシェ」に加え、2015年からは国指定特別史跡の登呂遺跡で「田園のマルシェ」も始まり年々規模が拡大。トリコロールカラーに彩られた各会場ではフランスのマルシェを彷彿とさせるおしゃれな店が軒を連ね、限定グルメやカンヌ映画祭公式ワインも味わえるほか、会場ごとにジャンルの違う映画も楽しめる。約3週間、静岡を代表するビッグイベントでフランスの風を存分に感じよう。

おいしくて満足♪

かつて映画館通りと呼ばれた七間町名店街も、人気店が軒を連ね多くの人でにぎわう

イメージを大切にした店選びにより、味や雰囲気に大満足。各店自慢のグルメや限定メニューも見逃せない

現地・カンヌでも俳優たちが口にするカンヌ映画祭公式ワイン「ムートンカデ」も味わえちゃう！

日が落ちて温かな照明がともる清水マリンパークでは、ほろ酔い気分で野外上映を楽しむ人でいっぱい

- クラフト雑貨
- アート
- 音楽
- フード
- アウトドア
- ヒーリング
- ステージ
- ブック
- 服飾
- ガーデニング
- ワークショップ
- 陶芸
- 食品販売
- イルミネーション

所／登呂遺跡、七間町名店街、
　　清水マリンパーク、ほか市内各所
期／毎年5月頃 フランス・カンヌ映画
　　祭開催に合わせて開催
時／会場により開催日時が異なる
料／来場無料
駐／近隣有料Pあり
交／会場により異なる
問／なし ※HPを確認
注／夜間は冷えるので温かい服装で

フランスを感じよう！

浜松市

8月 弁天島花火フェス
べんてんじまはなびフェス

初年度は400発、2年目の2016年は1000発と大幅に増え、今後に期待が高まる

市民待望の弁天島花火が復活！
音楽とアートとグルメの祭典

　2013年に惜しまれつつ終了した弁天島花火が、市民有志の手によって復活。弁天島海浜公園を舞台に、浜松市内の飲食店など60店舗以上が出店。海外アーティストを呼んだステージでは、音楽の街・浜松らしく老若男女が音に乗り心から楽しむ姿が印象的。20時にはライトアップされた鳥居の上空に1000発の花火が美しく舞い、イベントのフィナーレを飾る。

心地よい海風と音楽に包まれながら、浜松グルメを食べて花火を待とう

クラフト雑貨　ブック　音楽　ガーデニング
アート　服飾　フード　ワークショップ
アウトドア　陶芸　ヒーリング　食品販売
ステージ　イルミネーション

所／弁天島海浜公園
　　（浜松市西区舞阪町弁天島3775-2）
期／毎年8月第3土曜
時／12:00〜21:00
料／来場無料
駐／なし（公共交通機関を利用）
交／JR弁天島駅より徒歩約2分
問／LaLaカレージャパン
　　053-523-6567
注／特になし

藤枝市

東海道音楽祭〜つながりの道〜
とうかいどうおんがくさい

5月

蓮生寺

了善寺

毎年ジャンルは異なるが、2016年は大慶寺ではクラシック、蓮生寺はジャズ、了善寺はフォルクローレのステージ

大慶寺では18時からキャンドルナイトコンサートが開かれ、ほのかな明かりの中で聴く音楽は不思議と心にしみわたる

垣根を越えて奏でる
荘厳な客殿コンサート

蓮華寺池周辺の東海道沿いにある寺で、3日間にわたり開かれる。3会場の各寺では、異なるジャンルのステージが客殿で行われ、荘厳な雰囲気の中でクラシックやジャズなどの生演奏を聴くことができる。約40店が出店する大慶寺、了善寺近くの白子商店街では「100円笑店街」も開催。宗派を超え、東海道の歴史を感じる寺社空間を生かしながら、地域全体で楽しめる。

「おかげさん」のカレーリレーも

地元のいいものいっぱい

クラフト雑貨　ブック　音楽　ガーデニング
アート　服飾　フード　ワークショップ
アウトドア　陶芸　ヒーリング　食品販売
ステージ　イルミネーション

所／大慶寺（藤枝市藤枝4-2-7）、蓮生寺（藤枝市本町1-3-31）、了善寺（藤枝市天王町1-4-1）
期／毎年5月の藤まつりやGW付近
　　※会場により開催日が異なる
時／10:00〜20:30　※会場により異なる
料／来場無料
駐／近隣有料Pあり
交／会場により異なる
問／090-7689-6143（大場）
注／ゴミは持ち帰り

91

ショップ&Other 編

人気ショップで開催されるおしゃれなイベント。
フードあり、雑貨あり、キャンドルナイトや朝市も…。
多彩な企画がオモシロイ、身近なイベントに参加しよう。
米軍キャンプやほたる観賞、夜景電車など
非日常を存分に楽しんで。

94　藤枝おんぱく　（藤枝）
96　フレンドシップフェスティバル　（御殿場）
98　おかげさん　（藤枝）
100　岳南電車 鉄道夜景電車　（富士）
102　西伊豆キャンドルナイト　（西伊豆）
103　ほたる観賞の夕べ　（東伊豆）
104　weekend books　（沼津）
106　吉原 NEW! ナイトバザール　（富士）
108　秋物展～おいしく・たのしく・ちょっぴりフランス～（静岡）
110　シェ・ワタナベ テラスカフェ　（沼津）
111　キト暮ラスカ　（富士）

藤枝市

春 **藤枝おんぱく**
ふじえだおんぱく

また行きたくなる藤枝を発見！
魅力的な地域体験プログラムの数々

　2014年に始まった「藤枝温故知新博覧会」は「藤枝おんぱく」と呼ばれ、藤の花が咲く季節に開催。茶・食・知・技・環・美・歩・遊の8ジャンルに分けられた体験プログラムの中から興味のあるものを選び、予約をして参加する。市外の人は観光では分からない藤枝の奥深さを、地域の人は普段気づかない町の潜在的な魅力を体験できる。年を重ねるごとにプログラム数も増加。3年目となった2016年は、約1ヵ月半の期間で全102プログラムが行われた。藤枝をはじめとする全国5地域の新茶を使った注目の利き茶プログラム「天下一闘茶会」のほか、藤枝産野菜のスイーツプレートを味わう催しや石鹸作り、朝ヨガ、オーガニックマーケットなども開催される。

玉露名人・前島東平さんが茶畑の中の「もてなし処」で高級玉露を丁寧に点ててくれるプログラム

料理人と生産者がタッグを組んだ食のプロ集団「TeamNORI」が作り出す、藤枝づくしのコースを堪能

ルームフレグランスの「印香」と、パウダー状の香料でつくる和のフレグランス「塗香」の2種を手作り体験

着物のマナーも学べる着付け体験。藤まつりでにぎわう蓮華寺池公園を着物で散策し記念撮影も

クラフト雑貨	ブック
アート	服飾
音楽	ガーデニング
フード	ワークショップ
アウトドア	陶芸
ヒーリング	食品販売
ステージ	イルミネーション

所 / 藤枝市全域
期 / 毎年4月中旬〜6月上旬頃（予定）
時 / プログラムにより異なる
料 / 有料 ※プログラムによる
駐 / プログラムにより異なる
交 / プログラムにより異なる
問 / NPO法人 SACLABO
　　070-5332-3955
注 / 参加には要事前申込み。先着順。
　　詳細はHPを確認

スイーツを味わうプログラム

御殿場市

5月 フレンドシップフェスティバル

家族連れもミリタリーマニアも
楽しめる米軍主催のイベント

御殿場市中畑にある米軍海兵隊キャンプ富士で、年に一度開催されている「フレンドシップフェスティバル」。近隣住民への感謝の気持ちを込めて、普段は入ることのできない基地を開放している。子どもに人気のゲームブースやフェイスペインティングのほか、地元のアーティストによるライブバンド演奏や各国の料理が味わえる屋台など、子どもも大人も楽しめるさまざまな催しを行っている。中でも人気なのが軍用ヘリコプターや戦車などの展示。UH60 ブラックホークやオスプレイなどを間近で見ることができ、迫力に圧倒されるはず。17 時からは大人だけが楽しめるアフターパーティーを開催。音楽やダンス、お酒など、アメリカンナイトライフを体験してみて。

日本とアメリカの友好イベント

行列必至の人気のピザ

フェイスペイントでアーミー気分を高めよう！

Tシャツやバッグ、小物など、アーミーグッズを販売するお店が並ぶ。キッズから大人サイズまで豊富

基地内クラブではハロウィンやクリスマスイベントも開催される。日程は FB を確認

展示された戦車に乗って記念撮影も！間近で見るリアル戦車に大興奮しそう。ステージでは音楽イベントも開催されている

クラフト雑貨
アート
音楽
フード
アウトドア
ヒーリング
ステージ
ブック
服飾
ガーデニング
ワークショップ
陶芸
食品販売
イルミネーション

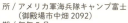

所／アメリカ軍海兵隊キャンプ富士
　　（御殿場市中畑2092）
期／毎年5月
時／11:00〜17:00、ロードハウス ア
　　フターパーティ 17:00〜深夜
料／来場無料
駐／あり（無料）
交／JR御殿場線御殿場駅からバスで約
　　20分
問／0550-89-6102（オペレーター）
　　0550-89-4608（フレンドシップ
　　フェスティバルの直前のみ開通）
注／公的機関発行の写真付身分証明書
　　の提示が必要

子どもたち
にも大人気

97

藤枝市

毎月 おかげさん

毎月3日のカレーリレーは
おかげさんで人気です

　藤枝の蓮華寺池近くにある大慶寺で毎月3日に開かれる「おかげさん」。名物の「カレーリレー」は、まず商店街のお母さんが用意したご飯を購入し、各店舗で買った好みのルーを手持ちのご飯にかけてもらう一風変わった仕組み。ご飯からルーへと白米というバトンで店舗をつなぐ。カレー専門店ではない店が手間ひまかけて用意したルーは、ここでしか食べられないとあって全種制覇する強者も。夏場は白米からかき氷に代わり、買った氷にこだわりのシロップをかける「かきごおリレー」が登場する。仏教にちなんだ心温まる映画を上映する「寺シネマ」も不定期で開催。週末も平日も関係なく毎月3日に行うため、出店者も内容も異なり、毎回飽きずに楽しめるのも魅力だ。

「カレーリレー」が7〜9月の夏の期間だけ「かきごおリレー」に。いろいろなかき氷を食べ比べよう

静けさ漂う客殿ではマッサージの施術も。耳つぼのマッサージも気持ちいい

懐かしいぼん菓子やあられを販売するお店も出店。レトロな雰囲気がたまらない

県の天然記念物に指定れている立派な松が境内中央に。「久遠の松」と呼ばれ、来場客がにぎやかに囲む

ハンマーダルシマーの音色

- クラフト雑貨
- アート
- 音楽
- フード
- アウトドア
- ヒーリング
- ブック
- 服飾
- ガーデニング
- ワークショップ
- 陶芸
- 食品販売
- ステージ
- イルミネーション

所／大慶寺（藤枝市藤枝4-2-7）
期／毎月3日 ※1月は休み
時／10:00～14:00 ※開催月により異なる
料／来場無料
駐／あり（50台）
交／新東名藤枝岡部ICより車で約10分
問／090-7689-6143（大場）
okage3.dkg@gmail.com
注／ゴミは持ち帰り。各月の内容、時間はFacebookで確認

99

富士市

毎月 岳南電車 鉄道夜景電車
がくなんでんしゃ てつどうやけいでんしゃ

五感で楽しむ
9.2kmの鉄道夜景ストーリー

　平成26（2014）年、鉄道夜景として初めて日本夜景遺産に登録された岳南電車。毎月2日間だけ8000形後方車両を消灯し、車窓からの夜景を鑑賞できるイベントを開催している。戦後から人々の暮らしに寄り添ってきた岳鉄ならではの鉄道夜景は魅力的なポイントが満載。「生活の灯り・街の灯り・工場の灯り」など夜景鑑賞士の資格を持つ乗務員が見どころを解説してくれるので、初めて乗る人も普段から利用する人も新しい発見がある。走行中は窓を開け、昔ながらのカンカンという踏切の音を聴いたり、菓子工場から風に乗って漂ってくる甘い香りを楽しむことができるのも特色の一つ。第2土曜は「工場夜景電車」（1便のみ）として岳南江尾駅から出発する。

駅舎横で不定期イベントも

記念切符は吉原駅で販売

車窓を開けて座席に膝をつき、くるくるとさまざまな表情を見せる岳南電車沿線の夜景を楽しめる

「工場夜景電車」は岳南原田駅〜比奈駅区間のライトアップした工場地帯を走行する

存分に夜景を楽しめるように車内灯が消された8000形後方車両内に乗り込み、夜景の旅へ

岳南電車の各駅はもちろん、沿線には多くの富士山ビュースポットが点在する。夏季は山小屋の明かりも見える

岳南吉原駅〜江尾駅間

クラフト雑貨 / アート / 音楽 / フード / アウトドア / ヒーリング / ステージ / ブック / 服飾 / ガーデニング / ワークショップ / 陶芸 / 食品飲料 / イルミネーション

所 / 岳南電車吉原駅〜岳南江尾駅区間
期 / 鉄道夜景は毎月第4土曜
　　工場夜景は毎月第2土曜
　　※月により金曜開催の場合あり
時 / 鉄道夜景 18:41〜19:26・19:35〜20:37、工場夜景 19:05〜19:56
料 / 片道360円（通常運賃）※一日フリー乗車券700円
駐 / 近隣有料Pあり
交 / イベントにより異なる
問 / 岳南電車株式会社（吉原駅）
　　0545-33-0510
注 / ダイヤ変更の可能性あり

日本夜景遺産です

西伊豆町

9月 西伊豆キャンドルナイト
にしいずキャンドルナイト

移住者である作家たちを迎え入れてくれた旧賀茂村への恩返しとして平成16（2004）年に始まり、13年以上続けている

心のこもった作品からこぼれる温かな明かりの数々。毎年新作や新たな展示の試みにも取り組んでいるという

秋の夜を彩る
500個のガラスアート

　全国的にも珍しいガラスアートのキャンドルナイト。町内に工房を構えるガラス作家6人による個性的で色鮮やかなキャンドルホルダー500個が幻想的な空間を創り上げる。作品は自費製作、運営もボランティアで成り立っている。会場では手作りパンなどの販売もあり、クリスタルパークのショップやレストランも夜間延長営業する。

デートにぴったり

クラフト雑貨　ブック　音楽　ガーデニング
アート　服飾　フード　ワークショップ
アウトドア　陶芸　ヒーリング　食品販売
　　　　　ステージ　イルミネーション

HP

所／黄金崎クリスタルパーク駐車場
　　（賀茂郡西伊豆町宇久須2204-3）
期／毎年 秋分の日
時／17:00～20:00
料／来場無料
駐／あり（無料）
交／伊豆箱根鉄道修善寺駅からバスで
　　約75分
問／西伊豆町在住ガラス作家の会
　　0558-55-1582
注／雨天強風の場合、館内で開催

東伊豆町

ほたる観賞の夕べ 6月
ほたるかんしょうのゆうべ

鮮やかに舞うホタル。いつまでも残したい自然美

昼間も緑が深く雰囲気が良い公園。会場ではホタルを育てるための募金活動も。ホタルが飛び始める20時頃が見頃

静岡水辺100選！
幻想的なホタルの乱舞

　毎年6月上旬〜中旬にかけて、東伊豆まち温泉郷の竹ヶ沢公園で観賞できる。きれいな水や生い茂る草や木などの自然環境を守りながら、毎年3月に5000匹以上の幼虫が放流され、野生を含めるとそれ以上が舞う。浮かび上がるホタルの光と水辺に映り込む光の美しさに心安らぐ。わさびやみかんなどの農産物や夜店が並ぶ「ほたる市」や「ちょうちんウォーク」も開催する。

美しい光を放つホタル

クラフト雑貨　ブック　音楽　ガーデニング
アート　服飾　フード　ワークショップ
アウトドア　陶芸　ヒーリング　食品販売
ステージ　イルミネーション

所/大川竹ヶ沢公園
　（賀茂郡東伊豆町大川846）
期/6月上旬〜中旬
時/19:30〜21:00（最終入園20:25）
料/来場無料（ホタル育成募金の協力）
駐/あり（無料）
交/伊豆急行伊豆大川駅よりシャトル
　バスあり（約5分）
問/東伊豆町観光協会 0557-95-0700
注/周辺の駐車場を利用。町外からの
　大型・マイクロバスの乗り入れ禁
　止

沼津市

通年 **weekend books**
ウィークエンド ブックス

毎月通いたくなる
暮らしを彩るイベントが盛りだくさん!

　住宅街の一角に佇むハイセンスな古本屋「weekend books」では、毎月オトナがワクワクするような多彩なイベントを開催。オーナー夫妻が企画するイベントは、その内容も出展者も、そして、本のタイトルのようなかわいらしいイベントのネーミングにまでこだわり、毎回大盛況。オシャレな便せんやスタンプなど、手紙に関する紙モノが並ぶ「綴る、春。」、ハンドメイドの洋服や靴、帽子、カゴバッグなどを集めた「おしゃれ泥棒」・「冬の散歩道」、作家によるブローチ作品だけを集めた展示会「ブローチ!ブローチ!ブローチ!」などジャンルも幅広い。県内の人気のパン店が集う「パンマルシェ」も人気があり、毎回行列ができるほどだ。

詳細はブログをチェック!

イベント【綴る、春。】

イベント【おしゃれ泥棒】【冬の散歩道】
毎年春・秋に開催。リネンやコットンのナチュラルな服をはじめ、オシャレな小物や焼き菓子の販売も

イベント【庭マルシェ】
「庭マルシェ」毎年11月中旬に開催。作家が各々個性的で不思議な美しい庭を店内に創り出す

イベント【パンマルシェ】
ちだパンやPOWAPOWAなどおいしいパンとコーヒー、パンにまつわる雑貨の販売も

イベント【ブローチ！ブローチ！ブローチ！】毎年9月末に約10日間開催。県外から足を運ぶ人も多く大人気

クラフト雑貨　ブック
アート　服飾
音楽　ガーデニング
フード　ワークショップ
アウトドア　陶芸
ヒーリング　食品販売
ステージ　イルミネーション

所 / weekend books
　　（沼津市大岡 509-1）
期 / 通年（イベントによる）
時 / イベントによる
料 / イベントによる
駐 / あり（無料）
交 / JR沼津駅からバスで約10分
問 / weekend books 055-951-4102
注 / なるべく公共交通機関を利用
　　イベント詳細は HP にて

イベントごとに本のセレクトも！

105

富士市

年4回 吉原 NEW! ナイトバザール
よしわらニュー ナイトバザール

幼い頃のワクワクが詰まった
小さな路地の特別な一夜

　閉店時間が過ぎた吉原商店街の一角に現れる、明かりがともるにぎやかなエリア。かつて商店街で開かれていた「ナイトバザール」が、2016年3月装いも新たに地元の若者を中心として復活した。50mほどの小さな路地で開催するこのイベントは、フリーマーケットやクラフト作品、富士市出身者には懐かしの「サイダーかん」など、手作り感のある路上販売スタイル。拠点となるリノベーションした廃ビルのビンテージな雰囲気と相まり特別な夜を演出する。以前のナイトバザールの記憶がよみがえり、普段より遅い時間までにぎわった商店街の風景や、帰りが遅くても怒られない特別な一夜としてワクワクした思い出を懐かしみながら立ち寄る人も多い。

富士市民懐かしの味
富士山サイダーかん
200円

吉原商店街の細くて小さい路地。車も通れない50m弱の通りでこぢんまりと

手作り雑貨やフリーマーケットなどが通りに並び、ふらりと立ち寄る人の姿も

掘り出し物を見つけるには早めの来場が吉！お店の人との会話も弾む

地元の出店者が多数。ビール片手に歩いたり、通り沿いの飲食店で小腹を満たして夜を楽しもう

- クラフト雑貨
- ブック
- アート
- 服飾
- 音楽
- ガーデニング
- フード
- ワークショップ
- アウトドア
- 陶器
- ヒーリング
- 食品販売
- ステージ
- イルミネーション

所 / MARUICHI BLDG.1962 西側路地（富士市吉原 2-11-6）
期 / 3・5・7・9月の最終日曜 ※冬期は休みか屋内でミニイベント開催
時 / 17:00〜21:00
料 / 来場無料
駐 / 近隣有料 P あり
交 / 岳南電車吉原本町駅より徒歩 3 分
問 / ナイトバザール実行委員会
info@maruichi1962.com
注 / 雨天中止。詳細は MARUICHI BLDG.1962 の Facebook を確認

遊びにきてね！

静岡市

10月 秋物展 〜おいしく・たのしく・ちょっぴりフランス〜
あきものてん

秋の夜長を楽しむ
オトナのための憧れの一夜

　ひんやりとした秋風に鈴虫の奏でる音色。日暮れも早まる10月に、ちょっぴりフランスを感じながら、秋の夜長を心豊かに過ごせるイベントが開かれる。期間中はこだわりが詰まったシャツや帽子、靴が店内に並び、おしゃれを楽しみたい秋にぴったりな洗練されたアイテムから、お気に入りの一点を探そうと女性たちが足を運ぶ。最終日はカフェ営業を一度終了し、17時半から夜営業がスタートする。心地よいアコースティックの生演奏が特別な夜の始まりを告げるかのようだ。この日限りのフレンチシェフ作ハンバーグカレーをはじめ、心もお腹も満たす魅力的なフードがずらり。非日常を楽しめるステキな空間で、美食を味わいながら贅沢なひと時を過ごしたい。

限定スイーツ！

スパークリングワインの販売も。ここでしか味わえない一品に舌鼓。満ち足りた時間を仲間とともに

個性的な帽子をかぶって一層おしゃれに。好みのものを見つけに出かけよう

日常で凝り固まった心をほぐしてくれるかのような、優しいキャンドルの明かり

キャンドルと OHP によるアーティスティックな照明で幻想的。オープンを待つ人が列をなす

クラフト雑貨	ブック
アート	服飾
音楽	ガーデニング
フード	ワークショップ
アウトドア	陶芸
ヒーリング	食品販売
ステージ	イルミネーション

所 / キャトルエピス静岡店
　　（静岡市清水区天神2-6-4）
期 / 毎年10月第3週の週末
時 / 金・土曜 10:30〜19:00、
　　日曜 10:30〜21:30（通常営業〜
　　16:30、17:30〜夜営業）
料 / 来場無料
駐 / あり（無料）
交 / 東名清水ICより車で約5分
問 / キャトルエピス静岡店
　　054-371-5020
注 / 駐車場に限りあり、乗り合わせで

心地よい
ひとときを

沼津市

不定期

シェ・ワタナベ テラスカフェ

学園通り沿いで開催するテラスカフェ。にぎわいに思わず足を止めて立ち寄る客も多い

フルーツたっぷりの紅茶や新鮮野菜、リズミカルに次々と作られていく特製スイーツなどおいしいものがいっぱい

この日だけのパティシエ特製スイーツが話題

　明るい日差しが注ぐテラスには、園芸店の彩り豊かな花々が並び訪れる人を出迎える。店内へ入ると甘い香りに思わずにんまり。オーナーパティシエが作る、限定の特製スイーツを目当てに来る客も多く、ローストビーフ丼などの食事メニューも味わえる。手作りアクセサリーや雑貨、農家直売野菜やワークショップもあり、アットホームな雰囲気が魅力だ。

おいしくて夢中！

クラフト雑貨	フック	音楽	ガーデニング
アート	眼鏡	フード	ワークショップ
アウトドア	陶芸	ヒーリング	食品販売
		ステージ	イルミネーション

所／シェ・ワタナベ学園通り店
　　（沼津市日の出町1-15）
期／年3〜4回開催
時／10:00〜15:00
料／来場無料
駐／サンウェルぬまづ立体駐車場
　　2時間無料
交／JR沼津駅北口より車で7分
問／シェ・ワタナベ学園通り店
　　055-922-0081
注／雨天決行、マイバッグ＆小銭持参、
　　数量限定特製スイーツは予約可

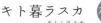

富士市

キト暮ラスカ
キトくラスカ

不定期

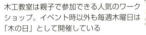

木工教室は親子で参加できる人気のワークショップ。イベント時以外も毎週木曜日は「木の日」として開催している

イベントごとに違うしつらえが楽しみ。普段はフジモクのショールーム兼ギャラリー＆ショップに

自然素材で和やかな時間
毎日の暮らしをもっと楽しもう

　富士市の住宅会社「フジモク」のショールーム「キト暮ラスカ」内で不定期開催。「暮らしを楽しむ」をコンセプトとして、夏祭りや暮らし市場などが季節ごとに行われ、毎回趣向を凝らした企画がユニークだ。地元作家や自然素材にこだわる飲食店など、コンセプトに共感する富士のショップが多く集まる。住宅を検討する人もしない人も、どんどん気軽に参加してみよう。

地元のいいものいっぱい！

クラフト雑貨　ブック　音楽　ガーデニング
アート　服飾　フード　ワークショップ
アウトドア　陶器　ヒーリング　食品販売
ステージ　イルミネーション

所／フジモクの家・キト暮ラスカ
　　（富士市下横割226）
期／年に約5〜8回不定期開催。詳細はHPを確認
時／10:00〜17:00
　　（イベントにより多少異なる）
料／来場無料
駐／あり（50台）
交／JR富士駅より徒歩15分
問／フジモクの家・キト暮ラスカ
　　0545-63-0123
注／特になし

111

企画・編集・デザイン　株式会社スタジオムーン
取材・撮影・執筆／永井麻矢・鈴木和登子・水口彩子・太田正江
権田記代子・佐藤愛・佐藤暁乃

しずおかの休日 おでかけBOOK

2016年12月15日　初版発行
発行所　静岡新聞社
〒422-8033　静岡市駿河区登呂3-1-1
TEL.054-284-1666

印刷・製本　図書印刷株式会社
ⒸThe Shizuoka Shimbun Printed in Japan
ISBN978-4-7838-1986-8 C0026

※掲載されている情報は2016年12月15日時点のものになります。
※定価は裏表紙に表示してあります。
※本書の無断複写・転載を禁じます
※落丁・乱丁本はお取り替えいたします。